9급 공무원 사서직

자료조직 개론

기출문제 정복하기

KB158867

9급 공무원 사서직

자료조직개론 기출문제 정복하기

초판 인쇄   2022년 1월 5일
초판 발행   2022년 1월 7일

편 저 자 │ 공무원시험연구소
발 행 처 │ ㈜서원각
등록번호 │ 1999-1A-107호
주   소 │ 경기도 고양시 일산서구 덕산로 88-45(가좌동)
교재주문 │ 031-923-2051
팩   스 │ 031-923-3815
교재문의 │ 카카오톡 플러스 친구[서원각]
영상문의 │ 070-4233-2505
홈페이지 │ www.goseowon.com
책임편집 │ 정유진
디 자 인 │ 이규희

모든 시험에 앞서 가장 중요한 것은 출제되었던 문제를 풀어봄으로써 그 시험의 유형 및 출제 경향난도 등을 파악하는 데에 있다. 이를 통해 반복적으로 강조되어 온 이론이 나 내용을 확인하고 응용되는 문제 유형을 파악하여 보다 효율적으로 학습할 수 있다. 즉, 최단시간 내 최대의 학습효과를 거두기 위해서는 기출문제의 분석이 무엇보다도 중 요하다는 것이다.

자료조직개론은 문헌분류의 이론과 역사, 자료목록의 개념과 특성 등과 같은 이론적인 내용과 함께 주요 분류법, 한국목록규칙, KORMARC, 메타데이터 등과 같은 이해력과 응용력을 요구하는 내용을 동시에 학습해야 하는 과목이다. 암기형 문제와 더불어 다양 한 자료를 분석해야 하는 문제도 함께 출제되기 때문에 각 영역의 출제 경향을 파악하 고 학습해야 한다.

9급 공무원 사서직 자료조직개론 과목 기출문제집은 이를 주지하고 그동안 시행되어온 지방직, 서울시 기출문제를 연도별로 수록하여 수험생들에게 매년 다양하게 변화하고 있 는 출제 경향에 적응하여 단기간에 최대의 학습효과를 거둘 수 있도록 하였다.

9급 공무원 시험의 경쟁률이 해마다 점점 더 치열해지고 있다. 이럴 때일수록 기본적인 내용에 대한 탄탄한 학습이 빛을 발한다. 수험생 모두가 자신을 믿고 본서와 함께 끝까 지 노력하여 합격의 결실을 맺기를 희망한다.

1%의 행운을 잡기 위한 99%의 노력! 본서가 수험생 여러분의 행운이 되어 합격을 향한 노력에 힘을 보탤 수 있기를 바란다.

Structure

● 기출문제 학습비법

step 01 "진짜" 기출문제 풀기 with 스톱워치

step 02 기출 포인트만 쏙쏙! 정답 및 해설

step 03 고득점을 위한 PLUS 오답노트

step 04 합격을 위한 반복학습

step 01
실제 출제된 기출문제를 풀어보며 시험 유형과 출제 패턴을 파악해 보자! 스톱워치를 활용하여 풀이 시간을 체크해 보는 것도 좋다.

step 02
정답을 맞힌 문제라도 꼼꼼한 해설을 통해 기초부터 심화 단계까지 다시 한 번 학습 내용을 확인해 보자!

step 03
오답분석을 통해 내가 취약한 부분을 파악하자. 직접 작성한 오답노트는 시험 전 큰 자산이 될 것이다.

step 04
합격의 비결은 반복학습에 있다. 집중하여 반복하다보면 어느 순간 모든 문제들이 내 것이 되어 있을 것이다.

● 본서의 특징 및 구성

기출문제분석
최신 기출문제를 비롯하여 그동안 시행된 기출문제를 수록하여 출제경향을 파악할 수 있도록 하였습니다. 기출문제를 풀어봄으로써 실전에 보다 철저하게 대비할 수 있습니다.

상세한 해설
매 문제 상세한 해설을 달아 문제풀이만으로도 학습이 가능하도록 하였습니다. 문제풀이와 함께 이론정리를 함으로써 완벽하게 학습할 수 있습니다.

Contents

기출문제

2010. 5. 22.	제1회 지방직 시행	8
2011. 5. 14.	제1회 지방직 시행	20
2012. 4. 14.	경상북도 교육청 시행	32
2013. 8. 24.	제1회 지방직 시행	46
2014. 6. 21.	제1회 지방직 시행	60
2015. 6. 13.	서울특별시 시행	70
2015. 6. 27.	제1회 지방직 시행	82
2016. 6. 18.	제1회 지방직 시행	94
2016. 6. 25.	서울특별시 시행	106
2017. 6. 17.	제1회 지방직 시행	120
2017. 6. 24.	제2회 서울특별시 시행	134
2017. 12. 16.	지방직 추가선발 시행	146
2018. 5. 19.	제1회 지방직 시행	162
2018. 6. 23.	제2회 서울특별시 시행	178
2019. 6. 15.	제1회 지방직 시행	190
2019. 6. 15.	제2회 서울특별시 시행	204
2020. 6. 13.	제1회 지방직 / 제2회 서울특별시 시행	218
2021. 6. 5.	제1회 지방직 시행	234

Success is the ability to go from one failure
to another with no loss of enthusiasm.

Sir Winston Churchill

공무원 시험
기출문제

자료조직
개론

1 커터 – 샌본 저자기호표(Cutter – Sanborn Three–Figure Author Table)의 사용 방법으로 옳지 않은 것은?

① 자료의 저자명에 해당하는 번호가 기호표에 없을 경우 선치하는 성명의 번호를 채기한다.

② 서로 다른 저자가 동일한 분류기호 아래에서 동일한 저자기호를 가지게 될 경우 가운데 숫자 '5'를 사용하여 저자기호를 부여할 수 있다.

③ 사전류는 서명을 기호화하되, 첫 단어가 관사일 경우에는 그 다음의 키워드를 기호화한다.

④ 전기자료는 피전자를 기호화하고, 서명을 저작기호란에 기재한다.

2 한국목록규칙 4판(KCR4)의 기술총칙에서 표제와 책임표시사항에 관한 기술규칙으로 옳지 않은 것은?

① 표제 관련 정보의 기재순서는 으뜸정보원에 기재된 순서나 활자의 크기에 따라 기재하되 책임표시의 성격을 띤 것을 맨 나중에 기재한다.

② 인명이나 단체명이 아닌 일반 단어로만 구성된 책임표시도 이를 책임표시에 기술한다.

③ 으뜸 정보원에 역할을 달리하는 두 종 이상의 책임표시가 있는 경우 저자를 먼저 기재하고 나머지는 정보원에서 기재된 순차나 활자의 크기에 따라 기재한다.

④ 으뜸정보원에 저작역할어가 책임표시 앞에 표시된 경우 책임표시, 저작역할어의 순으로 바꾸어 기술한다.

3 다음 자료를 한국십진분류표(KDC) 5판으로 분류하고 'KORMARC 통합서지용'에 의하여 기본표목을 적용하지 않고 각 필드별로 해당 서지데이터를 기술하였다. 모두 옳게 기술된 것은? (단, 띄어쓰기는 적용하지 않음)

문헌정보학총론 / 정동열, 조찬식 공저.
서울 : 한국도서관협회, 2007.

020.1

---

① 260 1b$a서울 : $b한국도서관협회, $c2007
② 056 bb$a020.1$25
③ 245 10$a문헌정보학총론 /$d정동열 ; $e조찬식 공저
④ 700 1b$a정동열, $d공저

---

1 ④ 전기서와 비평서 등의 전기자료는 피전자의 이름을 기호화하고, 저자의 성을 저작기호로 대신한다.
※ 저작기호 … 도서기호를 보조하기 위한 기호를 말하며 동일분류 중 동일저자의 저작을 서명별로 배열순위를 정해주는 역할을 한다. 방법은 동일한 저자의 서로 다른 책을 구별하기 위해 서명의 최초 키워드에서 한 글자를 채택하여 이를 기호에 추가하는데 이 기호를 바로 저작기호라 하는 것이다.

2 ④ 책임표시와 저작역할어는 으뜸정보원에 쓰여진 용자와 어순 그대로 표제 다음에 기술하되, 단체명에 대해서는 조직단위별로 띄어 쓴다. 다만, 한국어의 관형형으로 된 저작역할어는 명사형으로 고쳐 적는다.

3 ① 260은 제1지시기호에 1을 사용하지 않는다.
③ 245 00$a문헌정보학총론 /$d정동열, $e조찬식 공저
④ 700 1b$a정동열, $e공저

정답 및 해설 1.④ 2.④ 3.②

4 국제표준도서번호(ISBN)를 부여하지 않는 자료는?

① 점자자료

② 팜플렛

③ 마이크로형태자료

④ 음악녹음자료

5 한국목록규칙 4판(KCR4)의 규칙에 대한 설명으로 옳은 것은?

① 본표제나 표제관련정보 중에 포함된 저작명은 이를 책임표시에 기재하지 않는다.

② 대등표제가 둘 이상인 경우에는 대등표제를 표제와 책임표시사항에 모두 기재한다.

③ 하나의 발행처에 우리나라 발행지명이 둘 이상 표시된 경우에는 중요하게 기재되었거나 맨 처음에 표시된 발행지명을 기술한다.

④ 복제본의 경우 그 원본의 발행사항을 기술하고, 복제본의 발행사항은 주기한다.

6 다음은 'KORMARC 통합서지용' 형식을 이용하여 연속간행물「건강과 영양」에 대해 작성한 서지 레코드이다. 이 서지레코드를 보고 설명한 내용으로 옳은 것은? (단, 지시기호는 생략함)

```
245   $a건강과 영양 /$d한국식품영양학회
310   $a월간, $b2004.1−
321   $a격월간, $b1998.1−2003.12
362   $a제7권 제1호(2004년 1월)−
780   $a식품과 영양
```

①「건강과 영양」자료는「식품과 영양」자료의 후속저록으로 2004년부터 간기가 격월간에서 월 간으로 변경되어 발간되고 있다.

②「식품과 영양」자료는「건강과 영양」자료의 후속저록으로 1998년부터 간기가 격월간에서 월 간으로 변경되어 발간되고 있다.

③「식품과 영양」자료는「건강과 영양」자료의 선행저록으로 1998년부터 간기가 월간으로 발간 되었다.

④「건강과 영양」자료는「식품과 영양」자료의 선행저록으로 2004년부터 간기가 월간에서 격월 간으로 변경되어 발간되고 있다.

4 ④ 녹음자료 자체에는 ISBN이 부여되지 않는다.

※ 국제표준도서번호(ISBN) 부여 대상

  ㉠ 인쇄도서

  ㉡ 팸플릿(광고 및 선전용은 제외)

  ㉢ 점자자료(도서 및 오디오테이프)

  ㉣ 개별 논문이나 계속자료 중 특별 호

  ㉤ 지도

  ㉥ 교육용으로 제작된 필름, 비디오테이프, 슬라이드

  ㉦ 카세트, CD, DVD를 매체로 한 오디오북

  ㉧ 물리적 매체(기계가독형 테이프, 디스켓, CD-ROM 등)나 인터넷상의 전자출판물

  ㉨ 인쇄출판물에 대한 디지털 복제물

  ㉩ 마이크로형태자료

  ㉪ 교육용 소프트웨어

  ㉫ 복합매체출판물(주된 구성요소가 텍스트인 경우)

  ㉬ POD(주문형 출판물)

5 ① 본표제나 표제관련정보 중에 포함된 저작자명일지라도 이를 책임표시에 다시 기재한다.

② 대등표제가 둘 이상인 경우에는 활자의 크기나 기재순서에 따라 첫 번째 대등표제만 기재하고, 두 번째 이하의 대등표제는 '대등표제'란 도입어구를 사용하여 주기사항에 기재한다.

④ 복제본은 해당 자료의 발행사항을 기술하고, 원본의 발행사항은 주기한다.

6 서지레코드

245   $a(본표제) / $d(첫 번째 책임표시)

310   $a(현재 간행빈도), $b(간행빈도 시작 연, 월)

321   $a(변경 전 간행빈도), $b(변경 전 간행빈도 시행 연, 월)

362   $a(권 · 연차, 연월차 사항)

780   $a(선행저록)

정답 및 해설 4.④ 5.③ 6.①

7 다음은 특정 도서에 대하여 판권기의 일부와 KORMARC 형식 레코드를 제시한 것이다. ⊙과 ⓒ에 들어갈 내용을 바르게 연결한 것은? (단, 지시기호는 생략함)

[판권기]	[KORMARC 레코드]
물리학의 이해 − − − − − − − − − 2009년 3월 5일 발행 지은이 : 박재영, 김철수 ISBN 978-897678-082-5	020 ▼a9788976780825 [⊙] ▼a420 ▼25 082 ▼a[ⓒ] ▼222 245 ▼a물리학의 이해 / ▼d박재영, 김철수

	⊙	ⓒ
①	052	420
②	056	420
③	052	530
④	056	530

8 한국목록규칙 4판(KCR4)의 특징으로 옳은 것은?

① 접근점 대신 표목이라는 용어를 사용하였다.
② 원칙적으로 기본표목의 개념을 목록에서 제외하였다.
③ 저록에 포함되는 책임표시 수를 4인으로 제한하였다.
④ 통일표목을 적용한다.

9 한국목록규칙 4판(KCR4)의 표제와 책임표시사항에 기술된 책임표시의 범위에 원칙적으로 포함되지 않는 것은?

① 각색자
② 역자
③ 주연배우
④ 후원자로서의 단체

10 'KORMARC 통합서지용'에서 통일표제에 관한 설명으로 옳지 않은 것은?

① 통일표제는 동일한 저작이 다양한 표제를 갖고 있는 경우 표제를 통일시켜 기술한 것이다.

② 730필드는 통일표제가 부출표목으로 채택된 경우에 사용한다.

③ 한 레코드 내에서는 표시기호 130필드와 240필드를 함께 사용할 수 있다.

④ 저작에 나타나 있는 표제는 245필드에 기술된다.

---

7 KORMARC 형식 레코드
020(국제표준도서번호)
056(한국십진분류기호)
082(듀이십진분류기호) 530(물리학)
245(서명, 저자 사항)

8 ① 온라인 환경에서는 서지 데이터의 수록방식과 저록의 배열방식이 전통적인 인쇄(카드)목록의 구조와는 상이
한 방식으로 처리되고 저록의 검색과정에서 접근점의 기능이 중요시되고 있다. 따라서 표목이란 개념 대신
접근점이란 용어를 사용하였다.
③ 종래 규칙에서는 대표저자가 기재되지 않은 4인 이상의 저작물에서는 첫 번째 저자만을 책임표시에 기재하
고, 나머지 저자를 기술에서 제외하도록 규정하였으나 이 규정으로 인해 목록의 기능이 완전하게 수행되지
않는다는 지적에 따라 원칙적으로 대상 자료에 기재된 모든 저자를 기재하도록 규정하였다.
④ 특정 표목에 대해 하나의 특정 형식을 표준형식으로 고려하지 않는다. 동일 접근점의 상이한 형식 간의 연결
기법을 통하여 전통적인 표목의 검색기능과 동일한 효과를 얻을 수 있으며, 이에 따라 통일표목의 개념을 목
록에서 배제하였다.

9 책임표시의 범위 … 원칙적으로 본문의 저작자나 원작자를 범위로 한다. 일반적으로 책임표시의 범위에 포함되는
인명이나 단체명에는 그 저작에서의 역할어가 기재되어 있는 것이 보통이다.
㉠ 저작자나 편(찬)자, 작곡자, 화가, 제작자, 역자, 각색자
㉡ 단체의 종합의지 또는 행정자료 등에서는 해당 단체
㉢ 후원자로서의 단체

10 ③ 한 레코드 내에서는 표시기호 130필드와 240필드를 함께 사용할 수 없다.

11 다음 중 청구기호에 포함될 수 없는 것은?

① Acquisition number   ② Work mark

③ Author mark   ④ Classification number

12 다음은 한국십진분류법(KDC) 5판의 본표 일부를 발췌한 내용이다. 이를 사용하여 「정지용전기」, 「조지훈전기」, 「박목월전기」, 「박두진전기」 등을 분류할 때 가장 적합한 분류번호는?

> 998 주제별 전기
>
>   100-990과 같이 주제구분(강 이상)한다.
>
>   (예 : 고승전 998.22)

① 998.8   ② 998.81

③ 998.811   ④ 998.813

13 한국십진분류법(KDC) 5판을 사용할 경우 「한국지리에 관한 연속간행물」에 대한 가장 적합한 분류번호는?

① 981.105   ② 911.005

③ 981.104   ④ 911.004

14 듀이십진분류법(DDC) 22판의 우선순위(preference order)에 대한 설명으로 옳은 것은?

① 특정 주제가 둘 이상의 특성을 갖고 있으나 기호의 합성을 통해 이들을 모두 나타낼 수 없을 때 그 중 어느 것을 선택하도록 하는 것이다.

② 특정 주제에 나타나는 여러 가지 패싯(facet)이나 특성들을 결합하는 순서를 정한 것이다.

③ 두 주제를 동등하게 다루고 있을 경우 분류표 상에서 앞선 기호에 분류하도록 한 것이다.

④ 특정 주제를 분류표 상에서 공식적으로 채택한 방식과는 다른 방식으로 분류할 수 있도록 한 것이다.

15 다음은 한국십진분류법(KDC) 5판에 제시된 '특수주제구분'의 지시사항이다. 이에 따를 경우 「고등학교 교육상담」의 분류번호로 옳은 것은?

372.6　　개인지도

372.61　教育상담

…

376.6　　고등학교 교육

　　　　376.61-.64는 371-374와 같이 세분한다.

　　　　(예 : 고등학교 개인지도 376.626)

---

① 376.637261

② 372.6166

③ 376.6261

④ 372.6137261

---

11 청구기호 … 이용자가 도서를 청구하는 번호로 분류번호·서가번호 다음에 도서기호 또는 저자기호로 되어있다.
② 저작기호
③ 저자기호
④ 분류기호

12 ② 998(주제별 전기) + 081(개인의 일반 전집)

13 ① 980(지리)→981(아시아 지리) + 100(철학)→105(연속간행물)

14 ② 조합순서(citation order)에 대한 설명이다.
③ 선행규칙(first-of-two rule)에 대한 설명이다.
④ 임의규정(Options)에 대한 설명이다.

15 376.6(고등학교 교육)
372.61(교육상담)
376.6(261)

정답 및 해설 11.① 12.② 13.① 14.① 15.③

16 청구기호의 구성요소에 관한 설명으로 옳지 않은 것은?

① 별치기호는 자료를 별도의 장소에 배치, 관리할 경우에 분류기호 상단에 표시하는 기호이다.

② 부차적기호는 동일한 도서기호 내에서 배열순서를 결정하기 위해 서명을 기호화한 것이다.

③ 분류기호는 분류표에 근거하여 자료의 주제와 형식 등을 아라비아 숫자 또는 문자와 아라비아 숫자 등으로 변환한 기호를 말한다.

④ 도서기호는 동일한 분류기호 내에서 서가상의 배열순위를 결정하기 위하여 분류기호 다음에 주어지는 기호이다.

17 듀이십진분류법(DDC) 22판에서 각 주제와 해당 분류기호의 연결이 모두 옳은 것은?

(가)	Political science	320
(나)	Economics	340
(다)	Social problems & services	360
(라)	Customs, etiquette, folklore	380

① (가)(나)

② (가)(다)

③ (나)(다)

④ (나)(라)

18 다음은 듀이십진분류법(DDC) 22판의 본표 일부를 발췌한 내용이다. 이를 사용하여 「Migration from Vietnam to Korea : a sociological study」를 분류할 경우 가장 적합한 분류번호는?

> 304.8   Movement of People
>   .83−89 Migration
>   Add to base number 304.8 notation 3−9 from Table 2, and add 0
>   and to the result add notation 1−9 from Table 2 for the place of
>   origin.

① 304.8519597

② 304.85190597

③ 304.8597519

④ 304.85970519

16 ② 부차적기호는 동일한 기본기호를 갖는 도서가 두 개 이상일 경우 이들을 개별화하기 위하여 기본기호 다음에 매겨지는 일체의 기호를 말한다.

17 ㈐ Economics 330
㈑ Customs, etiquette, folklore 390

18 「베트남에서 한국으로 이동 : 사회학적 학문」
T2 지역구분표에서 한국은 519, 베트남은 597이므로
304.8(519)(0)(597)

정답 및 해설 16.② 17.② 18.②

19 다음은 한국십진분류법(KDC) 5판에 제시된 내용이다. 이에 따라 「스케이팅의 역사」를 분류한 번호로 옳은 것은?

697.1 스케이팅

　　　피겨스케이팅, 스피드스케이팅, 아이스쇼(ice show)등을 포함한다.

---

① 697.109

② 697.107

③ 697.102

④ 697.1

20 새연대순기호법을 사용하여 도서기호를 적절하게 부여한 것은?

(가)	경제학원론 / 김옥근(2329년)
(나)	Readings in Economics / American Institute(2329년)

① (가) − 329, (나) − 329a　　　　　② (가) − 29, (나) − 29a

③ (가) − 329, (나) − 329r　　　　　④ (가) − 29, (나) − 29r

19 697.1 스케이팅

T1 표준세 구분표에서 역사는 09이므로

697.1(09)

20 ① 이재철의 새연대순기호법은 아라비아 숫자만으로 연대기호를 구성하며 2000년대 도서는 마지막 세 자리 숫자를 채기하며 양서에는 'a'를 부기한다.

1 「한국목록규칙」 제4판(KCR4)의 녹음자료 기술규칙으로 옳지 않은 것은?

① 자료유형을 본표제 다음에 각괄호([ ]) 속에 기술한다.

② 재생속도는 형태사항에 기술하되 표준속도인 경우에는 재생속도를 생략한다.

③ 합집에 포함된 각 작품의 재생시간은 자료특성사항에 기술한다.

④ 형태사항에서 간행이 완결되지 않은 녹음자료의 수량은 단위어만 기술하고 수량은 빈칸으로 남겨둔다.

2 「듀이십진분류법」 제22판(DDC22)으로 둘 이상의 주제를 다룬 문헌을 분류할 때 적용해야 할 규칙으로 옳지 않은 것은?

① 둘 이상의 주제를 동등하게 다룰 경우 분류 대상 도서에서 먼저 다루어진 주제에 분류한다.

② 서로 영향관계에 있는 두 주제를 다루고 있는 경우, 영향을 받은 주제에 분류한다.

③ 동일한 상위주제에 속하는 셋 이상의 주제가 동등하게 다뤄질 경우, 이들을 포괄하는 첫 번째 상위 주제에 분류한다.

④ 독립된 두 주제를 다루고 있을 경우에는 그 중 더욱 완전하게 다루어진 주제에 분류한다.

3 「듀이십진분류법」 제22판(DDC22)에 따라 분류한 것이다. 해당 주제에 대하여 분류기호를 부여한 것으로 옳은 것은?

① German essays — 833   ② German speeches — 835

③ German letters — 837   ④ German poetry — 832

4 더블린 코어 메타데이터의 요소세트(Dublin Core Metadata Element Set)에 포함된 데이터 요소를 모두 고른 것은?

    ㉠ Contributor   ㉡ Creator

    ㉢ Relation   ㉣ Rights

---

① ㉠㉢   ② ㉠㉡㉣

③ ㉡㉢㉣   ④ ㉠㉡㉢㉣

---

1 ③ 합집에 포함된 각 작품의 재생시간은 내용주기에 기술한다.

   ① [녹음자료]로 기술한다.

   ② 재생속도는 매체별로 기록하나 표준속도일 경우 생략이 가능하다.

   ④ 간행이 완결되지 않은 녹음자료에 대해서는 특정자료종별과 수량의 단위어만을 기술하고, 수량은 빈칸으로 남겨 둔다.

2 ① 복수 주제가 동등하게 취급된 문헌은 분류표상에서 앞에 나오는 주제에 분류한다. 즉, 두 주제가 동등하게 다루어졌거나 또는 두 주제에 대한 설명이 나타나지 않을 때는 본표에서 먼저 나타나는 주제에 분류한다.

3 독일문학(German & related literatures)은 83-이고 essays는 -4, speeches는 -5, letters는 -6, poetry는 -1을 사용해야 한다.

4 Dublin Core Metadata Element Set

   ㉠ 콘텐츠 기술요소 : Title(표제), Subject(주제), Description(설명), Source(출처), Language(언어), Relation (관련 자료), Coverage(내용 범위)

   ㉡ 지적 속성요소 : Creator(제작자), Publisher(발행처), Contributor(기타 제작자), Rights(이용조건)

   ㉢ 물리적 기술요소 : Date(날짜), Type(자료유형), Format(형식), Identifier(식별자)

정답 및 해설 1.③ 2.① 3.② 4.④

5 「한국목록규칙」 제4판(KCR4)에 따라 자료특성사항을 기술하고자 할 때, 자료의 유형과 그 자료에 대하여 기술되는 자료특성사항의 연결이 옳지 않은 것은?

① 화상자료와 영상자료 – 예술적 표현양식에 관한 사항
② 입체자료 – 축소 및 확대 비율에 관한 사항
③ 지도자료 – 축척 및 좌표에 관한 사항
④ 전자자료 – 자료내용 및 크기에 관한 사항

6 리재철의 「한글순도서기호법」 제5표의 사용법으로 옳지 않은 것은?

① 서로 다른 저자의 기본기호가 동일하게 되는 경우 나중에 입수된 자료의 기본기호를 조절하여 개별화한다.
② 동일 분류기호를 가진 동일 저자의 다른 저작이 둘 이상 있는 경우, 기본기호 다음에 표제의 첫 자를 활용하여 부차적 기호를 부가한다.
③ 단일 저자가 저술한 개인의 전기서는 피전자를 기본기호의 대상으로 삼고 1차적으로 표제의 첫 자를 활용하여 부차적 기호를 부가한다.
④ 특정 성씨의 족보는 성, 본관의 순서로 도치한 형식으로 기본기호를 작성한다.

7 IFLA의 FRBR연구보고에 대한 설명으로 옳지 않은 것은?

① 서지레코드의 기능상 요건에 관한 것이다.
② 개체들을 3개 집단으로 구분하였다.
③ 제1집단의 개체에는 저작, 표현형, 구현형, 개별자료, 관계 등 5가지가 포함된다.
④ 서지데이터가 갖추어야 할 최소한의 요건을 종합하여 기술요소와 조직요소(표목)로 정리하였다.

8 「한국문헌자동화목록형식」(KORMARC, 통합서지용)에서 제어필드에 대한 설명으로 옳지 않은 것은?

① 디렉토리에는 제어필드의 위치가 표시되지 않는다.

② 제어필드는 지시기호와 식별기호를 사용하지 않는다.

③ 제어필드는 표시기호의 앞 두 자리를 00으로 시작한다.

④ 제어필드는 필드종단기호를 사용한다.

---

5 화상자료와 영상자료는 자료특성사항을 표시하지 않으며, 특별히 축척과 같은 수치데이터가 기재된 설계도의 경우에는 지도자료의 자료특성사항에 따른다.

6 ③ 개인의 전기서 또는 비평서 등은 피전자명 또는 피비평자명을 기본기호의 대상어로 삼아 기호화하고, 한 피전자에 대해 두 사람 이상의 저작이 있을 경우에는 표제 대신 그 저작의 저자명의 첫 자를 부차적 기호로 부가한다.

7 ③ 제1집단의 개체에는 저작, 표현형, 구현형, 개별자료로 구성된다.

8 제어필드는 표시기호 001~009까지 해당되며, 제어번호, 최종처리일시, 형태기술필드, 부호화정보필드가 포함된다. 이 표시기호들은 디렉토리에 실제로 존재하며 디렉토리에는 어떤 필드가 어느 위치에 있으며 길이가 어느 정도인지를 제시해주는 데이터가 기재된다.

정답 및 해설 5.① 6.③ 7.③ 8.①

9 「한국십진분류법」 제5판(KDC5)에 의한 분류기호이다. 각 항의 2개 분류기호에서 조기성을 갖는 기호를 바르게 추출하지 못한 것은? (단, 소수점은 고려하지 않는다)

① 〈750과 045〉의 −5
② 〈924와 982.4〉의 −24
③ 〈051과 981〉의 −1
④ 〈620.5와 670.5〉의 −05

10 「듀이십진분류법」 제22판(DDC22)으로 분류할 때 보조표의 사용이 옳지 않은 것은?

① 개인 저자의 한국소설 : 895.7(한국문학) + (T3A 소설)
② 성서(한국어판) : 220.5(현대번역본 성서) + (T4 한국어)
③ 법률가인명록 : 340(법률) + (T1 인명록)
④ 정치철학사전 : 320(정치학) + (T1 철학)

11 「한국목록규칙」 제4판(KCR4) 기술총칙의 표제관련정보 기술규칙으로 옳지 않은 것은?

① 본표제를 보완하거나 설명하는 성격의 부차적 표제를 그 범위로 한다.
② 너무 긴 표제관련정보는 주기사항에 옮겨 적거나 적당히 줄여 적을 수 있다.
③ 저작의 성격이나 양식, 내용을 표현하는 사항(예 : 시집, 수필집, 장편소설 등)이 저자명에 덧붙여 복합어구를 구성하는 경우, 이를 본표제로 채택하지 않은 경우에는 그 전체를 표제관련정보로 기재한다.
④ 표제관련정보의 기재순서는 으뜸정보원에 기재된 순서나 활자의 크기에 따라 기재하되, 책임표시의 성격을 띤 것을 제일 먼저 기재한다.

12 「영미목록규칙」 제2판(AACR2)을 계승하여 디지털 환경에 맞게 서지 개체 간의 관계유형을 명확하게 규정하고, 데이터 기록에 대한 지침과 지시를 제공하도록 개발된 것은?

① RDA(Resource Description and Access)

② MODS(Metadata Object Description Standard)

③ FRAD(Functional Requirements for Authority Data)

④ RDF(Resources Description Framework)

---

9 ① 750-독일어, 045-독일어 수필집에서 조기성 기호는 -5 언어인 독일어

② 924-역사여행, 982.4-지리 관련 세계여행에서 조기성 기호는 -24 세계여행, 안내기

③ 051-한국어 연속간행물, 981-아시아 지리에서 조기성 기호는 없음

④ 620.5-조각 및 조형예술 관련 연속간행물, 670.5-음악 관련 연속간행물이므로 -05는 연속간행물

10 ② 성서(한국어판) : 220.5(현대판 성서 및 번역서)+-957(T6 한국어)의 순서를 취하여 220.5957이 된다.

11 ④ 표제관련정보의 기재순서는 으뜸정보원에 기재된 순서나 활자의 크기에 따라 기재하되, 책임표시의 성격을 띤 표제를 맨 나중에 기재한다.

12 RDA(Resource Description and Access) ⋯ 디지털이 아닌 형식으로 생산된 자원을 조직하는 기관의 요구를 충족시키면서, 최신 디지털 기술을 사용하여 생산 및 배포되는 자원의 기술에 대하여 유연하게 확장할 수 있는 틀을 제공하며, 보다 새로운 기술을 구사할 수 있는 데이터의 수집, 저장, 검색, 표현에 대해 효율성과 유연성의 장점을 취하였으며 많은 자원 발견 실무처리에 사용되는 유산적인 기술과도 호환이 가능하도록 작성되었다. 생산한 데이터의 저장과 표시의 유연성을 극대화하기 위해 분명한 선을 사용하여 데이터 레코드 및 데이터 표현에 관한 지침과 사용설명을 각각 구별하였다.

정답 및 해설 9.③ 10.② 11.④ 12.①

13 「한국문헌자동화목록형식」(KORMARC, 통합서지용)의 레코드 기본구조에 대한 설명으로 옳지 않은 것은?

① 레코드는 리더, 디렉토리, 가변길이필드로 구성되어 있다.

② 가변길이필드는 표시기호의 첫 번째 숫자에 따라서 0 ~ 9까지의 블록으로 나뉘어진다.

③ 레코드의 22번째 자수위치부터 시작되는 디렉토리는 레코드 처리를 위한 정보를 제공하는 데이터 요소로 구성된다.

④ 20X부터 24X필드까지는 표제와 표제관련필드이다.

14 「한국십진분류법」 제5판(KDC5)에 대한 설명으로 옳은 것은?

① 총류와 종교는 형식에 따라 우선 분류한 뒤, 주제에 의해 세분한다.

② 기존에 325로 분류되었던 경영학 항목 중 성격이 다른 항목들을 326 아래로 옮겼다.

③ 2개의 표준구분이 해당되는 경우 주제성격이 강한 서술형식이 우선되어야 하므로 교육철학사전에 대한 분류기호는 370.3이다.

④ 기존의 〈566 전산공학〉은 전부 총류의 004와 005에 분류되도록 하였다.

15 각종 분류법의 특성에 대한 설명으로 옳지 않은 것은?

① 베이컨(F. Bacon)은 인간의 정신능력을 기준으로 지식을 역사(기억), 시학(상상), 철학(이성)으로 구분하였다.

② 해리스(W.T. Harris)의 분류법은 분류기호와 도서기호를 서가배열, 목록배열, 대출과 반납 등에 이용한 분류법이다.

③ 노데(G. Naudé)의 분류법은 12개의 주류로 구분되었고, 그 중 첫 번째 주제는 신학이다.

④ 블리스(H.E. Bliss)의 서지분류법은 취급한 관점이 상이한 동일한 주제를 한 곳에 모으고, 이를 다시 구분하기 위하여 범주표를 두었다.

16 「한국목록규칙」 제4판(KCR4)과 「한국문헌자동화목록형식」(KORMARC, 통합서지용)으로 다음 지도자료의 축척 및 좌표사항을 입력할 경우 옳은 것은? (단, 서지사항은 해당사항의 으뜸정보 원으로부터 채기한 것이며, 지시기호와 필드종단기호, 띄어쓰기는 적용하지 않는다)

> 한국지도연구원은 횡단 메르카토르도법으로 1/500,000로 축소한 「세계최신지도」를 제작함

① 255 ▾a축척 1 : 500,000 ; ▾b횡단 메르카토르도법
② 255 ▾a축척 1 : 500,000 ; ▾c횡단 메르카토르도법
③ 342 ▾a축척 1 : 500,000 ; ▾b횡단 메르카토르도법
④ 342 ▾a축척 1 : 500,000 ; ▾c횡단 메르카토르도법

---

13 디렉토리는 한 레코드에서 각 가변길이필드의 표시기호, 필드길이, 필드시작위치를 나타내는 일련의 항목으로, 해당 레코드의 25번째 자수위치부터 시작된다. 레코드 내에 있는 가변길이필드마다 하나씩 배정된 디렉토리 항목이라는 고정길이필드로 구성된다. 가변길이제어필드에 대한 디렉토리 항목은 첫 번째로 나타나며 표시기호순에 의해 순차대로 배열된다. 저장된 가변길이데이터필드의 순서는 반드시 디렉토리 항목의 순서대로 배열될 필요는 없다. 마지막 디렉토리항목은 필드종단기호로 끝난다.

14 ① 주제에 따라 우선 분류하고 형식에 따라 세분한다.
② 326에 분류된 일부 경영학 항목을 325에 통합시켰다.
③ 철학이 사전을 우선하므로 분류기호는 370.1이 되어야 한다.

15 ④ 주제분류법에 대한 설명이다.
※ Bliss의 서지분류법 … 분류에 대한 이론적 연구를 바탕으로 고안한 분류법으로 현대분류표의 총류에 해당하는 선행류를 두고, 자연과학을 상위에 배열하였다. 도서관의 성격에 따라 분류 위치를 선택할 수 있는 양자택일의 방법을 채택하였으며, 10종의 체계보조표를 마련하고 알파벳대문자, 숫자, 부호 등으로 구성된 혼합기호법을 채택하였다. 영국의 대학 및 전문도서관에서 주로 사용하며 이론적이고 가장 실제적인 분류법이다.

16 255필드는 지도데이터의 수치데이터를 기술한다. 342필드는 지리공간참조정보필드이다. 식별기호로는 ▾a에는 축척표시[반복불가], ▾b에는 도법표시[반복불가], ▾c에는 경위도표시[반복불가], ▾d에는 적위[반복불가]를 입력하면 되므로 255 ▾a축척 1 : 500,000 ; ▾b횡단 메르카토르도법이 된다.

17 다음 보기는 「한국문헌자동화목록형식」(KORMARC, 통합서지용)으로 특정 자료의 서지레코드 일부를 작성한 것이다. ㉠, ㉡ 및 ㉢에 들어갈 표시기호와 식별기호를 바르게 나열한 것은? (단, (㉠) 다음의 분류기호는 「듀이십진분류법」 제22판(DDC22)으로 분류한 것이고, 지시기호와 필드종단기호, 띄어쓰기는 적용하지 않는다)

```
( ㉠ )    ▼a791.43 ▼222
  245     ▼a맘마미아! ( ㉡ ) [비디오녹화자료] / ▼dPhyllida Lloyd 감독
  300     ▼a비디오디스크 1매(108분) : ▼b유성, 천연색 ; ▼c12 cm
( ㉢ )    ▼a12세이상 관람가
```

㉠	㉡	㉢
① 082	▼h	521
② 080	▼b	522
③ 082	▼b	522
④ 080	▼h	521

18 「한국십진분류법」 제5판(KDC5)에서는 특정 주제에 대하여 도서관의 종류나 이용자층의 성격에 따라 2가지 분류기호 중 임의로 선택할 수 있도록 하고 있다. 이와 같이 양자택일을 적용할 수 있는 분류항목으로 옳지 않은 것은?

① 016 주제별 서지 및 목록
② 022 도서관건축 및 설비
③ 321.55 산업별 노동 및 직업
④ 512.83-86 각과 간호

19 「한국목록규칙」 제4판(KCR4)의 기술규칙으로 옳지 않은 것은?

① 합집이나 총서에 수록된 개별 저작을 독립시켜 기술의 대상으로 할 수 있다.
② 복제물의 기술은 원칙적으로 대본인 원 자료를 대상으로 한다.
③ 판 표시에서 서양어의 일반 어구는 소정의 표준 약어 형식으로 고쳐 기술한다.
④ 로마자의 대문자법은 기술되는 언어의 관용법에 따른다.

17 ㉠ ▾a는 듀이십진분류기호를 의미하며, ▾222는 DDC완전판을 국립중앙도서관에 부여함(DDC22판이 됨)을 의미하므로 듀이십진분류기호인 082가 된다.

㉡ 245필드는 표제와 책임표시사항이 들어가야 하므로 [비디오녹화자료]라는 자료유형을 나타내는 ▾h가 된다.

㉢ ▾a12세이상 관람가는 이용대상자를 나타내므로 이용대상자주기인 521필드가 된다.

18 ① 016 주제별 서지는 양자택일 할 수 있음

　　예 정치 서지 및 목록 016.34, 법률서지 및 목록 360.26

② 022 도서관건축 및 설비는 양자택일 할 수 있음

　　예 022 또는 613.1에 분류할 수 있음

③ 321.55 산업별 노동 및 직업

　　직업사회학을 포함하며, 001-999와 같이 주제구분하여 사용

　　예 영화산업직업 321.55688

④ 512.83-512.86 각과간호(Department nursing)는 양자택일 할 수 있음

　　513-516과 같이 세분할 수 있음 예 내과간호 512.83

　　도서관에 따라 각과 간호는 그 주제 하에 분류할 수 있다. 예 외과간호 514.08

19 ② 복제물은 그 대본인 원 자료가 아니라 복제물 자체를 기술의 대상으로 한다.

정답 및 해설 **17.**① **18.**③ **19.**②

20 아래에 예시한 자료를 바탕으로 「한국목록규칙」 제4판(KCR4)과 「한국문헌자동화목록형식」 (KORMARC, 통합서지용)을 적용하여 목록레코드를 작성할 때, 바르게 입력된 필드는? (단, 지시기호와 필드종단기호, 띄어쓰기는 적용하지 않는다)

[표제면]	[판권기]
현대건축총서 ⑤ **현대건축설계론** 現代建築設計論 박건축 지음 대한건축사	현대건축설계론 1997년 3월 10일 초판발행 2000년 9월 10일 개정판 발행 2004년 9월 10일 개정증보판 발행 2006년 3월 15일 개정증보 2쇄 발행 2009년 3월 15일 개정증보 3쇄 발행 지은이 : 박건축 발행인 : 김설계 발행처 : 대한건축사 　　　　　서울특별시 서초구 554-123 [정가 20,000원] ISBN 978-89-363-0944-2 ISSN 1225-5521

- 디스크 1매가 첨부되어 있음
- 본문은 국한문 혼용으로 기술됨
- 면수는 1부터 452까지 매겨져 있음
- 책의 크기는 가로 17.6 cm, 세로 25.2 cm임

① 020　　▾aISBN 9788936309442 : ▾b₩20000

② 245　　▾a현대건축설계론 = ▾x現代建築設計論 / ▾d박건축 지음

③ 260　　▾a서울 : ▾b대한건축사, ▾c2009

④ 300　　▾a452 p. ; ▾c26 cm + ▾e디스크 1매

20 ① ▾c는 입수조건으로 가격이나 입수와 관련된 간략한 정보를 기술하며, 필요한 경우 설명문 어귀를 원괄호로 묶어 부가할 수 있다. 020 필드는 국제표준도서번호 없이 입수조건만으로도 구성이 가능하다.

→ 020   ▾a9788936309442 : ▾c₩20,000

② ▾b는 표제 관련 정보로 본표제, 별표제, 대등표제, 권제 또는 편제를 제외한 나머지 표제 정보의 부분을 기술한다. 표제 관련 정보는 본표제를 설명하거나 보완하는 성격의 부차적 표제를 제시하기 위한 것이다.

→ 245   ▾a현대건축설계론 : ▾b現代建築設計論 / ▾d박건축 지음

③ 발행년은 해당 판의 최초 발행년을 기술한다. 표제면에 인쇄년이 표기되어 있는 경우에도 이를 채택하지 않고 해당 판의 최초 발행년을 찾아 기술한다. 그러므로 개정증보판인 2004년이 된다. 판과 쇄가 함께 표시될 경우 쇄는 무시한다.

→ 260   ▾a서울 : ▾b대한건축사, ▾c2004

정답 및 해설 20.④

1 다음 중 KDC 제5판 문학형식구분표의 내용이 옳은 것은?

ㄱ -1 시   ㄴ -2 수필
ㄷ -5 연설, 웅변   ㄹ -6 풍자
ㅁ -7 일기, 서간, 기행   ㅂ -8 르포르타주 및 기타

---

① ㄱ, ㄴ, ㄷ   ② ㄱ, ㄴ, ㅂ

③ ㄱ, ㄷ, ㅂ   ④ ㄱ, ㄹ, ㅁ

⑤ ㄱ, ㄹ, ㅂ

2 KDC의 장점에 대한 설명으로 바르지 않은 것은?

① 상관색인을 가지고 있어 사용하기 편리하다.

② 한국 실정에 맞게 고안된 분류표로서 실용분류표이다.

③ 아라비아 숫자만을 사용한 순수기호법으로 기호가 단순하고 이해하기 쉽다.

④ 국립중앙도서관에서 분류표의 유지 · 관리 · 개정을 주관하고 있어 일관성과 계속성을 유지할
  수 있다.

⑤ 십진식에 의한 전개가 가능하기 때문에 새로운 지식 영역을 수용하기 위해 분류표를 비교적
  용이하게 전개할 수 있다.

3 〈보기〉 중 KORMARC(통합서지용)의 5XX 필드에 대한 설명으로 옳은 것은?

<table>
<tr><td colspan="2" align="center">〈보기〉</td></tr>
<tr><td>㉠ 501 일반주기</td><td>㉡ 502 학위논문주기</td></tr>
<tr><td>㉢ 505 내용주기</td><td>㉣ 506 이용제한주기</td></tr>
<tr><td>㉤ 508 그래픽 축적주기</td><td>㉥ 533 원본주기</td></tr>
</table>

① ㉠, ㉡, ㉢   ② ㉠, ㉤, ㉥

③ ㉡, ㉢, ㉣   ④ ㉢, ㉣, ㉤

⑤ ㉣, ㉤, ㉥

---

1   KDC의 문학형식구분표
　　㉠ -1 시
　　㉡ -2 희곡
　　㉢ -3 소설
　　㉣ -4 수필, 소품
　　㉤ -5 연설, 웅변
　　㉥ -6 일기, 서간, 기행
　　㉦ -7 풍자
　　㉧ -8 르포르타주 및 기타

2   ④ DDC의 장점에 해당한다. 국립중앙도서관 등의 국내외의 여러 기관에서 DDC 분류번호를 포함한 목록을 제공
　　하고 있다.

3   ㉠ 501 합철주기(With Note)
　　㉤ 508 제작진주기
　　㉥ 533 복제주기(Reproduction Note)

정답 및 해설 1.③ 2.④ 3.③

4 KCR 제4판의 특징으로 옳지 않은 것은?

① 기본표목을 규정하지 않는다.

② 목록의 기능을 처음으로 제시한 규칙이다.

③ 표목 대신 접근점이란 용어를 사용하였다.

④ 화상자료와 영상자료를 통합한 규칙을 제정하였다.

⑤ 저록에 포함되는 책임표시의 수를 4명으로 제한하였다.

5 〈보기〉는 KDC 제5판 본표의 일부분이다. (㉠)~(㉤)에 들어갈 내용으로 바르게 나열한 것은?

```
                              〈보기〉
    027 학교 및 대학도서관
        027.1-.9는 910-979와 같이 ( ㉠ )구분할 수 있다.
    078 특정 주제의 신문
        001-999와 같이 ( ㉡ )구분한다.
    231 기독교신학, 교의학
        각 종파의 교리는 238 아래에 분류한다.
        231.01-.09는 ( ㉢ )구분한다.
    341.09 국가의 역사
        909와 같이 ( ㉣ )구분할 수 있다.
    802 문장작법, 수사학
        .042-049 기타 국어 문장작법
                720-790과 같이 ( ㉤ )구분한다.
```

(㉠)　(㉡)　(㉢)　(㉣)　(㉤)

① 시대　　표준　　주제　　지역　　언어

② 시대　　표준　　주제　　지역　　종교

③ 시대　　주제　　표준　　지역　　언어

④ 지역　　주제　　표준　　시대　　종교

⑤ 지역　　주제　　표준　　시대　　언어

4 KCR4의 특성

㉠ 목록의 기능을 처음으로 제시하였다.

㉡ 단행본 중심에서 벗어나 다양한 유형의 자료를 수용한다.

㉢ 화상자료와 영상자료를 통합하여 규칙을 제정한다.

㉣ 표목 대신 접근점이라는 용어를 사용한다.

㉤ 저록에 포함되는 책임표시 수에 원칙적으로 제한을 가하지 않는다.

㉥ 기본표목을 규정하지 않는다.

㉦ 통일표목을 적용하지 않는다.

㉧ 우리의 사고와 언어습관에 맞는 형식을 다수 도입하였다.

5 KDC 제 5판은 강목표와 다음을 참고하여 구분할 수 있다.

※ 조기성

㉠ **본표 상호 간의 조기성**

• 각국어(710−790)와 각국 문학(810−890)의 강목

• 각국 역사(910−970)의 강목과 각국 지리(981−987)의 요목 및 전기(991−997)의 요목

• 각국 역사(910−970)의 강목과 총류의 일반 학회 · 단체 · 연구조사기관(061−067) 및 각국의 신문 · 잡지(070−077)

• 각국어(710−790)의 강목과 총류의 백과사전(031−039) 및 강연집 · 수필집 · 연설문집(041−049)의 요목, 연속간행물(051−059)의 요목

• 아시아철학(151−159)의 요목과 아시아역사(911−919)의 요목

㉡ **본표와 보조표 간의 조기성**

• 표준구분표 : 모든 주제의 조기성 보조기호로 사용

• 지역구분표 : 역사의 강목, 지리 및 전기의 요목, 일반단체 및 신문잡지의 요목, 아시아철학의 요목

• 한국지역구분표와 한국시대구분표 : 한국역사

• 국어구분표 : 언어의 강목

• 종교공통구분표 : 본표의 211−218

• 문학형식구분표 : 각국 문학

• 언어공통구분표 : 각국어

㉢ **주에 설정된 조기성**

• 전주제구분 : 특정 주제하에 세분 전개가 필요할 때 첨가주에 근거하여 본표의 모든 주제를 첨가할 수 있음

• 특정주제구분 : 특정 주제하에 세분 전개가 필요할 때 그 아래에 설정된 첨가주에서 제한한 특정주제만을 첨가할 수 있음

6 KCR 제4판 기술총칙에 의거하여 판사항을 표시할 때 〈기술상 표기〉가 옳은 것은?

	〈자료상 표기〉		〈기술상 표기〉
①	제삼판	→	제삼판
②	1965年版	→	1965年版
③	개정증보판	→	개정增補版
④	Second Edition	→	Sec. ed.
⑤	Revised Fourth Edition	→	4th. Rev Ed.

7 〈보기〉의 분류법을 초판 발행년도 순으로 바르게 나열한 것은?

〈보기〉

㉠ 콜론분류법(CC) 　　　　㉡ 일본십진분류법(NDC)
㉢ 듀이십진분류법(DDC) 　　㉣ 한국십진분류법(KDC)
㉤ 해리스(W. T. Harris)분류법

① ㉠ - ㉤ - ㉡ - ㉢ - ㉣   　　　② ㉠ - ㉤ - ㉢ - ㉣ - ㉡
③ ㉡ - ㉤ - ㉢ - ㉣ - ㉠   　　　④ ㉤ - ㉢ - ㉡ - ㉠ - ㉣
⑤ ㉤ - ㉢ - ㉡ - ㉣ - ㉠

8 KCR 제4판에서 권책수의 형태 단위어가 잘못 짝지어진 것은?

	〈도서의 형태〉	〈한글 단위어〉	〈영어 단위어〉
①	선장본	책	v.
②	팜플렛	책(팜플렛)	pamphlet(s)
③	호접장본	책(호접장)	folder(s)
④	함·질갑	함 또는 갑	case(s)
⑤	축없는 권자본	권(권자본)	roll(s)

9 출판시도서목록(CIP) 부여 대상자료가 아닌 것은?

① 대학출판물 　　　　　　　　　　② 번역출판물

③ 점자출판물 　　　　　　　　　　④ 정부간행물

⑤ 책자형태의 악보 및 지도

---

6 ① 제3판
　③ 개정증보판
　④ 2nd ed.
　⑤ Rev. 4th ed.

7 분류표의 시대적 순서 ⋯ 피나케스 → 칠략 → 중경부 → 칠지 → 칠록 → 수서경적지 → 고려대장목록 → 해동문헌총록 → 사고전서총목 → 누판고 → 해리스분류법 → 듀이십진분류법 → 전개분류법 → 미국국회도서관분류법 → 국제십진분류법 → 일본십진분류법 → 콜론분류법 → 한국십진분류법

8 호접장은 장(張)으로 표시한다.

9 CIP 부여 제외자료
　㉠ 우리나라 이외 지역에서 출판된 출판물
　㉡ CIP제도 시행 이전에 출판된 도서
　㉢ 판권지에 국내출판사의 출판사항이 없는 도서
　㉣ 연속간행물(동일한 표제로 규칙적으로 계속 간행되는 자료)
　㉤ 비도서자료(녹음자료, 시청각자료, 지도자료, 컴퓨터파일, 팜플렛, 마이크로 형태자료 등)
　㉥ 초·중·고등학교 교과서 및 학습서, 소모성 교육교재
　㉦ 석·박사 학위논문
　㉧ 일시적이고 수명이 짧은 출판물(전화번호부, 연표, 제품 카달로그 등)
　㉨ 종교 교육자료
　㉩ 점자출판물
　㉪ 낱장 지도 및 악보
　㉫ 복합매체자료

정답 및 해설 6.② 7.④ 8.③ 9.③

10 콜론분류법(CC) 기본범주의 패싯기호와 연결기호가 바르게 짝지어진 것은?

① 개성 – P – ,(comma) ② 소재 – E – :(colon)

③ 기능 – M – ;(semi-colon) ④ 공간 – T – '(apostrophe)

⑤ 시간 – S – .(dot)

11 다음은 단행본 자료의 정보원이다. (㉠)~(㉺)에 들어갈 내용으로 옳지 않은 것은?

소문으로만 듣던 CD-ROM
타이틀 이제 나왔습니다

멀티미디어 CD-ROM
Abraham Schulz 원저
조화형 번역

*Introduction to
Multimedia CD-ROM
by Abraham Schulz*
멀티미디어 CD-ROM
1995년 9월 10일 인쇄
1995년 9월 15일 발행
원저 : Abraham Schulz
번역 : 조화형
발행 : 크라운출판사

[값 12,000원]
ISBN 89-2467-603-3
349페이지 26cm
부록으로 CD-ROM 1매가 딸려 있음

㉠ $a566.46$b슐85ㅁ조%

100 1 $a슐츠, 아브라함%

245 10 $a멀티미디어 CD-ROM/ $dAbraham

Schulz 원저   ㉡조화형 번역%

260     $a서울: $b크라운출판사,㉢1995%

㉣ $a349 p. $c㉤ + $eCD-ROM 1매%

---

① ㉠ 090 ② ㉡ $e

③ ㉢ $c ④ ㉣ 300

⑤ ㉤ 12,000원

10 패싯구조

기본적 범주	의미	패싯기호	연결기호
Time	시간 : 시대구분	[T]	'(apostrophe)
Space	공간 : 지리구분	[S]	.(full stop)
Energy	기능 : 활동, 작용, 공정 등	[E]	:(colon)
Matter (property) (method) (material)	소재 : 사물 : 특성 : 방법 : 재료	[M] [MP] [MM] [MMt]	;(semi-colon)
Personality	개성 : 본질적 속성	[P]	,(comma)

11 가격의 화폐단위명칭은 공식적인 표준부호를 사용하여 가격 앞에 기재한다.

정답 및 해설 10.① 11.⑤

12 KCR 제4판 기술총칙의 구두법에 대한 설명으로 옳지 않은 것은?

① 덧셈표(+) : 딸림자료표시 앞에 사용한다.

② 빗금(/) : 첫 번째 책임표시 앞에 사용한다.

③ 가운뎃점(·) : 책임표시를 포함하여 정보원에 나타난 그대로 사용한다.

④ 빈칸 · 붙임표 · 빈칸(−) : 학위논문주기에서 학위수여기관 앞에 사용한다.

⑤ 석점줄임표(…) : 어떤 서지요소의 한 부분을 생략하였음을 나타내는 데 사용한다.

13 〈보기〉는 KDC 제5판 본표의 일부분이다. 이것을 참고하여 분류기호를 적용할 때 옳은 것은?

〈보기〉

809   문학사, 평론
　　　　　　　　문학의 사조 · 제파 및 평론 등을 포함한다. 각국 문학사는 그 문학 아래에
　　　　　　　분류한다.

.04   16-17세기, 1500-1699

.05   18-19세기, 1700-1899

.1-.8 각 문학형식의 역사
　　　　　　　　문학형식구분표에 따라 세분한다.
　　　　　　　　문학형식에 의한 각국문학사는 그 문학하에 분류한다.

813   소설 Fiction
　　　　　　　　야담, 고담[전 813.7]을 포함한다.

.6   20세기, 1910-1999
　　　　　　　　신소설을 포함한다.

① 수필사 : 809.3

② 한국문학사 : 819

③ 일본소설사 : 823.09

④ 이광수의 무정 : 813.6

⑤ 18세기의 낭만주의 문학 : 809.04

14 분석합성식 분류표와 관련이 가장 적은 것은?

① 새로운 주제 삽입이 쉽다.

② 랑가나단이 창안한 CC가 이에 속한다.

③ 열거식 분류표보다 본표의 분량이 많다.

④ 자료의 구성요소를 패싯(facet)으로 분석한다.

⑤ 복합주제, 합성주제를 기호화하는 데 유용하다.

---

12 가운뎃점(·)은 책임표시를 제외하고는 정보원에 나타난 그대로 사용한다.

13 문학의 기호가 8이고 이광수의 무정은 소설(Fiction)이므로 분류기호 813에 해당한다.

14 분석합성식 분류법은 모든 주제를 하나하나 열거하는 대신 지식의 각 분야를 어떤 특성을 기초해 기본주제로 구분하고, 이를 합성하기 위해 공통구분표와 특수구분표만을 포함하게 하며, 계통적 전개가 이루어지지 않기 때문에 열거식분류표 보다 분량이 많지 않다.

정답 및 해설 12.③ 13.④ 14.③

15 다음 중 KORMARC(통합서지용)의 연관저록필드에 대한 설명으로 옳은 것은?

〈보기〉

㉠ 760 상위총서저록 ↔ 762 하위총서저록

㉡ 765 번역저록 ↔ 767 원저록

㉢ 770 모체저록 ↔ 772 보유판 및 특별호저록

㉣ 773 구성단위저록 ↔ 774 기본자료저록

㉤ 780 선행저록 ↔ 785 후속저록

---

① ㉠, ㉡   ② ㉡, ㉢

③ ㉢, ㉣   ④ ㉣, ㉤

⑤ ㉠, ㉤

16 사고전서총목(四庫全書總目)의 분류에 따를 때 경부(經部)에 속하는 류(類)는?

① 춘추류(春秋類)   ② 편년류(編年類)

③ 예술류(藝術類)   ④ 전기류(傳記類)

⑤ 보록류(譜錄類)

17 MARC에서 도서의 목차와 비슷한 기능을 하는 것은?

① 리더   ② 디렉토리

③ 제어필드   ④ 데이터필드

⑤ 가변길이필드

18 KORMARC(통합서지용)에서 DDC 분류기호는 어느 필드에 기술하는가?

① 056

② 060

③ 080

④ 082

⑤ 085

---

15 ㉡ 765 원저저록, 767 번역저록

ㄷ 770 보유판 및 특별호 저록, 772 모체레코드저록

ㄹ 773 기본자료저록, 774 구성단위저록

16 사고전서총목(四庫全書總目) ⋯ 사고전서는 청나라 고종의 명으로 10년에 걸쳐 전국에서 수집한 도서를 성서하여 내정사각(內廷四閣) 중의 하나인 문연각(文淵閣) 총서다.

㉠ 경부(經部) : 역류, 서류, 시류, 예류, 춘추류, 효경류, 오경총의류, 사서류, 악류, 소학류

㉡ 사부(史部) : 정사류, 편년류, 기사본말류, 별사류, 잡사류, 조령주의류, 전기류, 사초류, 재기류, 시령류, 지리류, 직관류, 정서류, 목록류, 사평류

㉢ 자부(子部) : 유가류, 병가류, 법가류, 농가류, 의가류, 천문산법류, 술수류, 예술류, 보록류, 잡가류, 유서류, 소설가류, 석가류, 도가류

㉣ 집부(集部) : 초사류, 별집류, 총집류, 시문평류, 사곡류

17 MARC 레코드 구조는 Leader – Record directory – Control field – Data field 로 이루어져 있는데 목차와 비슷한 기능을 하는 것은 디렉토리다.

18 KORMARC에서 표시기호 01X-09X는 각종 숫자와 부호로 구성되는 정보를 나타내며, 지시기호와 식별기호를 사용하는데 DDC(듀이십진분류기호)는 082이다.

정답 및 해설 15.⑤ 16.① 17.② 18.④

19 KCR 제4판의 고서와 고문서에 관한 규정에서 정보원의 우선순위가 가장 빠른 것은?

① 간기(刊記)   ② 판심(版心)
③ 내사기(內賜記)   ④ 이제면(耳題面)
⑤ 진전문(進箋文)

20 KDC 제5판에서 〈보기〉의 주제들을 강목의 분류기호로 적절히 표현한 것은?

〈보기〉
금융, 보험, 재정, 경영

① 310   ② 320
③ 330   ④ 340
⑤ 350

19 고서와 고문서의 정보원의 우선순위

    ㉠ 권수제면, 표제면

    ㉡ 이제면

    ㉢ 판권기

    ㉣ 간기, 인기, 사기, 목기

    ㉤ 책등, 서근, 판심, 이제면(耳題面), 각종 지어 등

    ㉥ 내사기

    ㉦ 권미제면

    ㉧ 목록제면

    ㉨ 진전문

    ㉩ 서문

    ㉪ 발문, 후기

    ㉫ 본문, 연보, 행장, 묘지명, 부록

    ㉬ 해당 자료 이외의 정보원

20 금융, 보험, 재정, 경영은 KDC의 강목표 320 경제학 부분에 해당한다.

정답 및 해설 19.① 20.②

1 분류법에 관한 설명으로 옳지 않은 것은?

① 중국도서관분류법은 UDC의 분석합성식 원리와 DDC의 조기성을 도입하였고, 혼합기호법을 채택한 비십진식 분류표이다.

② 브라운(J. D. Brown)의 주제분류법(SC)은 자연과학보다 사회과학을 상위에 배정하였으며 LCC 및 NDC의 주류체계 구성에 영향을 미쳤다.

③ 브리스(H. E. Bliss)의 서지분류법(BC)은 분석합성식 원리를 수용하였으며 콜론분류법(CC)의 탄생에 영향을 미쳤다.

④ 조선십진분류법(KDCP)은 한국인이 만든 최초의 십진분류법이며, 주류의 분류기호를 네 자리 숫자로 표기하였다.

2 KORMARC(통합서지용) 형식은 해당 자료와 관련 자료 사이의 각각 다른 서지적 관계를 보여 주기 위해 여러 형태의 연관저록필드를 갖고 있다. 연관저록필드의 형태 중 다른 언어, 형식, 매체 등과 같이 한 서지자료에서 상이한 판(version) 간의 관계를 나타내는 필드로 옳지 않은 것은?

① 765 필드
② 767 필드
③ 772 필드
④ 775 필드

3 틸렛(B. B. Tillett)의 서지적 관계유형에 대한 예시로 옳지 않은 것은?

① 기술관계 — 「구약성경」의 주석서

② 파생관계 — 「Hamlet」의 한국어 번역서

③ 계층관계 — 연암 박지원의 「열하일기」 영인본

④ 전후관계 — 연속간행물 「도서관학」이 「한국문헌정보학회지」로 표제 변경

---

1 ② J. D. 브라운의 주제분류법은 자연과학을 사회과학보다 상위에 배정하였다. LCC, NDC 및 BC의 주류체계 구성에 영향을 미친 것은 커터의 전개분류법(EC)이다.

2 ③ 772 필드는 모체저록 필드이다.
① 원저록 필드
② 번역저록 필드
④ 이판저록 필드

3 ③ 영인본은 대등관계이다.
※ B. B. 틸렛의 7가지 서지적 관계유형 … 서지적 관계란 둘 이상의 서지적 개체 간의 상호관계를 지칭하는 것으로 두 개체 간의 관계를 표현함으로써 목록에 저작의 집중기능을 높인다.
　㉠ 대등관계 : 복본, 복제물, 영인본, 재쇄본 등
　㉡ 파생관계 : 번역서, 개정판, 증보판 등
　㉢ 기술관계 : 서평, 해설집, 사례집, 주석본 등
　㉣ 부분 전체관계 : 선집, 합집 등
　㉤ 딸림자료관계 : 교과서와 그에 딸린 지도책
　㉥ 전후관계 : 선행자료와 후속자료, 속편 등
　㉦ 특성공유관계

4 KORMARC(통합서지용)과 MARC 21 형식의 필드 사용에 대한 비교 설명으로 옳지 않은 것은?

① 번역도서의 경우 원표제의 기술을 위해 MARC 21에서는 240 필드를 사용하고, KORMARC에서는 246 필드를 사용한다.

② 245 필드의 책임표시사항의 기술을 위해 MARC 21에서는 $c를 사용하고, KORMARC에서는 ▼d와 ▼e를 사용한다.

③ 245 필드 제2지시기호의 경우 KORMARC에서는 관제 및 관사의 출력형태를 제어하고 MARC 21에서는 배열에서 무시되는 문자수를 기재한다.

④ 총서사항과 총서표제의 부출표목이 같은 경우 총서사항의 기술을 위해 MARC 21에서는 440 필드를 사용하고 KORMARC에서는 490 필드를 사용한다.

5 DDC 제23판과 KDC 제5판의 특징을 비교한 설명으로 옳지 않은 것은?

① DDC는 경영학을 기술과학의 강목에 배정하고 있으나 KDC는 사회과학분야에 배정하고 있다.

② DDC와 KDC 모두 컴퓨터과학을 총류(000)에 배정하고 있다.

③ DDC와 KDC는 모두 종교공통구분표를 설정하여 각 종교에 공통적으로 적용하도록 하고 있다.

④ DDC는 어학과 문학의 주류 배열이 유리되어 있으나 KDC는 인접되어 있다.

6 DDC 제23판 분류에서 사용하는 개념과 원칙에 대한 설명으로 옳지 않은 것은?

① 적용규칙(rule of application)은 어떤 주제의 여러 특성을 기호의 합성을 통해서 충분히 나타낼 수 없을 경우, 그와 같은 특성을 나타내는 기호 가운데 어느 기호를 선택해야 할지를 분류자가 자관의 환경에 맞게 결정할 수 있도록 하는 것이다.

② 삼자규칙(rule of three)은 동일한 상위 주제의 세목에 해당하는 셋 이상의 주제를 다루고 있는 문헌은 어느 한 주제를 다른 주제들보다 더욱 완전하게 다루지 않는 한, 이 주제들을 모두 포함하는 첫 번째 상위 기호에 분류하도록 하는 것이다.

③ 선행규칙(first-of-two rule)은 어떤 문헌에서 두 주제를 동등하게 다루고 있고, 서로에 대한 소개나 설명이 이루어지지 않을 경우에는 해당 문헌을 그 분류 기호가 DDC에서 첫 번째로 나타나는 주제에 분류하도록 하는 것이다.

④ 열거순서(citation order)는 분류 기호를 합성할 때 어떤 주제나 유(類)에 나타나는 여러 패싯이나 특성들을 어떤 순서로 결합할 것인가를 결정해 주는 것이다.

7 중국의 사부분류법(四部分類法)과 관련된 설명으로 옳은 것만을 모두 고르면?

> ㉠ 유교의 특징적인 분류법으로, 「수서경적지」에서 그 토대가 확립되었다.
> ㉡ 「사고전서총목」의 분류체계에 따르면, 춘추류와 재기류는 사부(史部)에 속한다.
> ㉢ 집부(集部)는 오늘날의 문학류에 해당한다고 할 수 있다.
> ㉣ 오늘날 중국의 표준분류법이라고 할 수 있는 「중국도서관분류법」의 주류체계와 유사하다.

① ㉠, ㉢

② ㉡, ㉣

③ ㉡, ㉢, ㉣

④ ㉠, ㉡, ㉢, ㉣

---

4 ④ 총서사항과 총서표제의 부출표목이 같은 경우 440 필드를 사용한다.
※ KORMARC 통합서지용 2014 개정판에서는 440필드를 더 이상 사용하지 않고 490을 총서사항으로 사용한다.

5 ③ DDC에는 종교공통구분표가 설정되어 있지 않다.

6 ① 적용규칙은 어떤 문헌에서 두 주제를 영향관계 또는 인과관계의 상관관계로 기술하였을 때, 영향을 받고 있는 주제나 결과에 해당하는 주제에 분류하도록 하는 규칙이다.

7 ㉡ 춘추류는 경부에 속한다.
㉣ 오늘날 중국에서 가장 널리 사용되는 「중국도서관분류법」은 전개식분류법으로 알파벳 대문자 22개를 사용한 비십진분류법이다.
※ 사부분류법
　㉠ 경부(經部) : 사서오경(四書五經)을 비롯한 유가의 경전과 그 주석서, 자서(字書) 등
　㉡ 사부(史部) : 역사와 지리에 관계된 서적
　㉢ 자부(子部) : 유가, 법가, 도가, 석가 등 사상가 관련 서적 및 농업 · 의학 · 기술 관련 기술서
　㉣ 집부(集部) : 시문집 등 문학 관련 서적

정답 및 해설 4.④ 5.③ 6.① 7.①

8 다음 자료를 바탕으로 KCR 제4판과 KORMARC(통합서지용) 형식을 적용하여 목록레코드를 작성할 때 필드의 기술이 옳지 않은 것은? (단, 지시기호, 띄어쓰기, 필드 종단기호는 적용하지 않는다)

석사학위논문

대중문화예술 활성화를 위한
프로그램 개발 방안
- 중학교에서의 음악교육을 중심으로 -

The Program Development Plan for the Revitalization of
Popular Culture and Art by Focusing on Music
Education in Middle Schools

한국대학교 교육대학원
음악교육전공
한도협
2013년 8월

- KDC 제5판으로 분류하면 '376.5467'임
- 쪽수는 i-vi, 1-93으로 매겨져 있음
- 책의 크기는 가로 19cm, 세로 25.3cm임
- 본문에 사진과 악보를 포함하고 있음

---

① 056　　▾a376.5467 ▾25

② 245　　▾a대중문화예술 활성화를 위한 프로그램 개발 방안 = ▾x(The) program development plan for the revitalization of popular culture and art by focusing on music education in middle schools : ▾b중학교에서의 음악교육을 중심으로 / ▾d한도협

③ 300　　▾avi, 93 p. : ▾b사진, 악보 ; ▾c26 cm

④ 502　　▾a학위논문 - ▾b한국대학교 교육대학원, ▾c음악교육전공, ▾d2013

9 해당 주제와 KDC 제5판에 따른 분류기호의 연결이 옳은 것만을 모두 고르면?

> ㉠ 불경 – 223
> ㉡ 한국희곡 – 812
> ㉢ 영어의 어원 – 442

① ㉠

② ㉠, ㉡

③ ㉡, ㉢

④ ㉠, ㉡, ㉢

---

8 ④ 502 ▾a학위논문(석사) – ▾b한국대학교 교육대학원, ▾c음악교육전공, ▾d2013

9 ㉢ 영어의 어원 – 742

정답 및 해설 8.④ 9.②

10 KORMARC(통합서지용) 형식의 서지레코드에 대한 설명으로 옳지 않은 것은?

① 가변길이제어필드의 경우 지시기호는 사용하지만 식별기호는 사용하지 않는다.

② 마이크로자료는 원본이나 복제본에 상관없이 별도 종류의 레코드로 구분하지 않는다.

③ 원자료가 있는 전자자료는 원자료의 유형에 따라 레코드의 종류를 구분한다.

④ 서지레코드의 종류는 리더 / 06의 구분기호로 표시한다.

11 KDC 제5판의 표준구분표는 서술형식과 편집 및 출판형식으로 구분할 수 있다. 서술형식의 기호가 아닌 것은?

① −01   ② −03
③ −07   ④ −09

12 KDC 제5판의 사회과학류(300)의 특징으로 옳지 않은 것은?

① 사회학의 노동문제(336)를 노동경제학(321.5)으로 이치하여 재전개하였다.

② 한국의 중앙행정조직(350.2) 아래 특정 행정부처명에 따라 항목을 전개하였던 것을 기능 중심으로 재구성하였다.

③ 거의 동일하게 전개하였던 사회사상(301)과 정치사상(340.2)의 각론을 사회사상으로 통합하였다.

④ 법학의 경우 공법과 사법 이외에 사회법(368.1)을 신설하였다.

13 다음은 ISBN의 예시이다. 이 가운데 부가기호 다섯 자릿수 '93020'의 구성에 대한 설명으로 옳은 것은?

ISBN   978-89-89023-89-0 93020

① 9(발행형태기호) − 3(독자대상기호) − 020(내용분류기호)

② 9(독자대상기호) − 3(발행형태기호) − 020(내용분류기호)

③ 9(독자대상기호) − 3(발행형태기호) − 02(내용분류기호) − 0(예비기호)

④ 9(발행형태기호) − 3(독자대상기호) − 02(내용분류기호) − 0(예비기호)

---

10 ① 가변길이제어필드는 데이터와 필드종단기호만 사용된다.

11 표준구분은 한 주제를 그 표현한 특수한 형식(서술형식 : −01, −07, −09/편집 및 출판형식 : −02, −03, −04, −05, −06, −08)에 따라서 함께 모으고 표를 간소화하여 이용을 편리하게 할 수 있는 기호이다.

12 ③ 거의 동일하게 전개하였던 사회사상과 정치사상의 각론을 정치사상으로 통합하였다.

13 ISBN과 부가기호의 구성

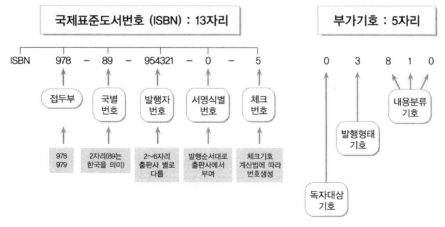

14 다음은 KDC 제5판의 본표, 표준구분표 및 지역구분표의 일부를 발췌한 것이다. 이를 바탕으로 『베트남의 서예』를 분류할 때, 옳은 것은?

〈본표〉

640　　　서예(書藝)　Calligraphy

　.1　　　서도이론

　.27　　보존 및 수복

　　　　　표구를 포함한다.

641　　　한자의 서체

〈표준구분표〉

-09　　　역사 및 지역구분

-091 ~ -097 특수 대륙, 국가, 지방 구분

　　　　　지역구분표에 따라 세분한다.

〈지역구분표〉

-14　　　동남아시아　Southeastern Asia

-141　　베트남　Vietnam

---

① 640.141

② 649.141

③ 640.9141

④ 640.09141

15 전거제어와 주제명표목표에 관한 설명으로 옳은 것만을 모두 고르면?

㉠ 전거제어는 목록에서 접근점으로 사용하는 인명, 단체명, 회의명, 통일표제, 주제명, 지명 등에 대해 하나의 특정 형식을 일관되게 사용함으로써 관련 개체를 목록상에 집중하는 것을 목적으로 한다.

㉡ 미국의회도서관 주제명표목표(LCSH)의 주표목은 주제표목과 형식표목이며, 각종 고유명사를 대상으로 한 고유명표목은 포함하지 않는다.

㉢ KORMARC 전거레코드에서 단체명으로 채택한 접근점은 110 필드에, 비채택 접근점은 410 필드에 기술한다.

㉣ 국립중앙도서관 주제명표목표는 다양한 정보검색시스템에서 사용할 수 있도록 시소러스 형식을 갖추고 있다.

---

① ㉠

② ㉡, ㉣

③ ㉠, ㉢, ㉣

④ ㉠, ㉡, ㉢, ㉣

---

14 ③ 본표 640 + 표준구분표 9 + 지역구분표 141

15 ㉡ 고유명표목도 LCSH의 주표목에 포함된다.

정답 및 해설 14.③ 15.③

16 IFLA의 FRBR에서 제시한 4개의 이용자 과업(user tasks)에 해당하는 것만을 모두 고르면?

㉠ To select	㉡ To identify
㉢ To find	㉣ To organize

① ㉠, ㉢

② ㉡, ㉣

③ ㉠, ㉡, ㉢

④ ㉠, ㉡, ㉢, ㉣

17 KCR 제4판의 규정을 적용할 때 옳은 것은?

① 본표제가 길 경우에는 의미가 손상되지 않는 범위 내에서 본표제를 축약할 수 있으며, 이 때 생략된 부분은 석점줄임표로 표시한다.

② 본표제나 표제관련정보에 포함된 저작자명은 책임표시에서 그 기재를 생략할 수 있다.

③ 표제관련정보의 기재순서는 으뜸정보원에 기재된 순서나 활자의 크기에 따라 기재하되, 책임표시의 성격을 띤 표제를 맨 앞에 기재한다.

④ 표제와 책임표시사항에 권차, 회차, 연차를 기술할 경우 회차와 연차가 모두 기재되어 있는 자료는 회차 다음에 연차를 원괄호(( ))로 묶어 기재한다.

18 KCR 제4판의 기술규칙으로 옳지 않은 것은?

① 녹음자료의 채널수는 '모노', 'mono.' 또는 '스테레오', 'stereo.' 또는 '4채널', 'quad.'로 구분하여 기술한다.

② 지도자료의 도법표시는 기술대상자료나 용기, 딸림자료에 도법이 기재되어 있는 경우에만 기술한다.

③ 총서와 관련된 책임표시는 원칙적으로 기재하지 않는다.

④ 연속간행물의 본표제가 일부 변경된 경우에는 변경된 표제 아래 독립된 저록을 작성하지 않는다.

19 「The Birth and Death of the Sun」의 저자는 Louis Robbins이다. 아래 제시된 「Cutter-Sanborn Three-Figure Author Table」에 따라 저자기호를 부여한 것으로 옳은 것은?

Lotz	885	Robbins	632
Lou	886	Robbins, F.	633
Loug	887	Robbins, J.	634
Loui	888	Robbins, M.	635
Loun	889	Robbins, S.	636

① L888t

② R634b

③ L887t

④ R635b

---

16 이용자 과업

  ㉠ To find(발견)

  ㉡ To identify(식별)

  ㉢ To select(선택)

  ㉣ To acquire or obtain(입수)

17 ① 본표제는 축약할 수 없다.

  ② 본표제나 표제관련정보에 포함된 저작자명은 책임표시에 그대로 기재해야 한다.

  ③ 책임표시의 성격을 띤 표제를 맨 뒤에 기재한다.

18 ④ 연속간행물의 본표제가 일부 변경된 경우에는 변경된 표제 아래 독립된 저록을 작성한다.

19 저자의 성 첫 글자인 R + 634(Robbins, L이 없으므로 선치함) + 표제의 the 생략 후 첫 글자 b

정답 및 해설 16.③ 17.④ 18.④ 19.②

20 다음은 DDC 제23판의 본표 일부를 발췌한 것이다. 이를 바탕으로 각 문항의 자료를 분류할 때, 옳은 것은?

325　　　**International migration and colonization**
　　　　　Standard subdivisions are added for international migration and colonization together, for international migration alone

　　　　　Including population transfers
[.094–.099] Specific continents, countries, localities in modern world
　　　　　Do not use; class in 325.4–325.9

.1　　　**Immigration**

.2　　　**Emigration**
[.209 3–.209 9]　Specific continents, countries, localities
　　　　　　　Do not use; class in 325.23–325.29
.23–.29　Emigration from specific continents, countries, localities
　　　　　Add to base number 325.2 notation 3–9 from Table 2, e.g., emigration from Japan 325.252, emigration from Japan to United States 325.2520973

---

① 「story of International Migrations」 – 325.09

② 「European Migrations in the 20th Century」 – 325.094

③ 「Population Transfers in Germany」 – 325.0943

④ 「Korean Emigrations to the United States」 – 325.235190973

20 ② 제시된 본표 일부의 내용만을 바탕으로 정확하게 분류하기 어렵다.

③ 325.0943 → 325 population transfers는 포함주의 내용으로 추가전개 할 수 없다.

④ 일본에서 미국으로의 이민이 325.2520973의 분류번호를 가짐으로 일본의 국가번호인 52 대신 한국의 국가번호인 519를 넣은 325.25190973이 적절하다.

정답 및 해설 20.①

1 KDC 제6판의 '언어공통구분표'를 적용하여 분류할 수 있는 자료가 아닌 것은?

① 재미있는 영어 희곡 작법
② 현대 러시아어 실용 회화
③ 15세기 프랑스어 방언 연구
④ 초보자를 위한 스페인어 사전

2 KDC를 적용하여 전기 자료를 분류하는 원칙에 대한 설명으로 옳지 않은 것은?

① 1인에 대한 전기는 각전으로, 2인 이상 인물의 전기는 총전으로 분류한다.
② 한 중심 인물을 설명하기 위해 여러 사람의 생애에 대해 기술한 저작은 그 중심 인물의 전기로 분류한다.
③ 문학가가 아닌 개인의 서간집(書簡集)은 개인 전기로 분류한다.
④ 특정 국가나 주제에 한정되지 않은 인명사전은 전기 일반으로 분류한다.

3 KDC에 대한 설명으로 옳지 않은 것은?

① 주류배열은 Bacon의 학문 분류에 기초하였다.
② 언어류는 DDC에서는 400대에 배치되었으나 KDC에서는 700대에 배치되었다.
③ 십진식 분류체계에 기반한 계층적 분류표이다.
④ 기술과학의 강목 순서와 체계는 UDC를 참조하였고 의학분야의 세목 부분은 LCC를 참조하였다.

4 DDC 제23판의 보조표의 번호와 내용이 옳은 것을 모두 고른 것은?

T1	T3B
㉠ −04 Special topics	㉣ −4 Essays
㉡ −06 Miscellany	㉤ −6 Speeches
㉢ −07 Education, research, related topics	㉥ −7 Letters

① ㉠, ㉡, ㉣   ② ㉠, ㉢, ㉣

③ ㉡, ㉤, ㉥   ④ ㉢, ㉤, ㉥

---

1 언어공통구분표

−1 음운, 음성, 문자

−2 어원, 어의

−3 사전

−4 어휘

−5 문법

−6 작문

−7 독본, 해석, 회화

−8 방언

2 ① 2인 이하에 대한 전기는 각전으로, 3인 이상 인물의 전기는 총전으로 분류한다.

3 KDC는 자연과학의 강목 순서와 체계는 NDC를 참조하였고 사회과학 분야의 강목은 LCC, 의학 분야의 세목 부분은 UDC를 참조하였다.

4 ㉡ −06 Organizations and management

㉤ −6 Letters

㉥ −7 Humor and satire

정답 및 해설 1.① 2.① 3.④ 4.②

5 DDC 제23판을 적용한 분류에서 보조표 사용으로 옳지 않은 것은?

① 이슬람교 용어사전 : 297 + T1
② 브라질의 철도운송 : 385 + T1 + T2
③ 노르웨이어 문법 : 439.82 + T4
④ 무라카미 하루키 문학 전집 : 895.66 + T5

6 분류표와 그 유형의 연결이 옳지 않은 것은?

① LCC - 비십진식 - 열거식 - 계층구조형
② DDC - 십진식 - 열거식 - 계층구조형
③ BC - 비십진식 - 분석합성식 - 계층구조형
④ CC - 비십진식 - 분석합성식 - 다차원구조형

7 DDC 제23판을 적용하여 다음과 같이 분류하였다면, 이 때 적용된 분류 규칙은?

"Wooden built-in furniture"가 684.104(Wooden furniture)가 아닌 684.16(built-in furniture)에 분류되었다.

① Rule of application
② First of two rule
③ Rule of three
④ Rule of zero

8 KDC 제6판에 의한 분류기호에서 밑줄 친 부분이 같은 의미를 지닌 조기성 기호가 아닌 것은?

① 600.9<u>12</u>   ② 349.<u>12</u>
③ 071.<u>2</u>   ④ 5<u>12</u>

9 다음 보기에서 폭소노미(folksonomy)에 대한 설명으로 옳은 것을 모두 고른 것은?

> ㉠ 자유롭게 선택된 키워드의 집합인 태그를 이용하여 이루어지는 협업적 분류이다.
> ㉡ 택소노미(taxonomy)에 비해 계층적, 체계적 구조를 갖고 있다.
> ㉢ 정보자료의 생산자 또는 소비자가 직접 분류하는 방식으로, 집단지성을 이용한 분류방식이다.
> ㉣ 시소러스 등과 같은 통제어휘집을 사용하여 작성된다.
> ㉤ 정보를 범주화하는 데 유용하며, 계층적 브라우징을 지원한다.

① ㉠, ㉢

② ㉠, ㉢, ㉤

③ ㉡, ㉢, ㉣

④ ㉡, ㉣, ㉤

---

5 ④ T5는 민족, 종족, 국가구분 보조표이다. 특정개인에 의한 저작은 T3-A 보조표를 사용한다.

6 ③ BC – 비십진식 – 분석합성식 – 다차원구조형

7 ④ **제로규칙** : 어떤 자료를 분류한 결과 복수의 분류기호가 모두 적합한 것으로 판단되는 경우 0을 수반하는 것보다 1-9를 수반하는 수반하는 것를 우선적으로 선택해야 한다.
　① **적용규칙** : 어떤 자료가 2개 주제의 상관관계를 기술하였다면 영향을 받은 주제나 결과에 분류해야 한다.
　② **선행규칙** : 어떤 자료가 복수의 주제를 다루었을 경우 분류표상 선치하는 주제를 기호화 한다.
　③ **삼자포괄규칙** : 자료에 3개 또는 그 이상의 주제가 상위주제의 세목에 해당될 때는 이들을 포괄하는 첫 번째 상위주제에 분류해야 한다.

8 ④ 512 임상의학일반
　①②③ -12 중국

9 ㉡ 택소노미는 폭소노미에 비해 계층적, 체계적 구조를 갖고 있다.
　㉣ 폭소노미는 통제어보다는 자연어에 가깝다.
　㉤ 택소노미에 대한 설명이다.

정답 및 해설 5.④　6.③　7.④　8.④　9.①

10 분석합성식 분류표에 대한 설명으로 옳은 것은?

① 열거식 분류표에 비하여 상호배타적인 복수의 주제를 표현하는 것이 어렵다.

② 기호시스템이 복잡하지 않으며 분류표를 구조화하기 쉽다.

③ 열거식 분류표에 비하여 분류기호의 길이가 길어지고 복잡해질 수 있다.

④ 열거식 분류표에 비하여 본표가 간단하므로 완전한 분류가 어렵다.

11 연속간행물 「공공도서관」에 대한 다음 내용을 KORMARC 형식(통합서지용)을 적용하여 기술한 것으로 옳은 것은? (단, 지시기호와 띄어쓰기는 적용하지 않는다)

- 「공공도서관」이라는 표제하에 2013년 2월부터 연 6회 발간되고 있으며, 2014년 2월 현재 제15권 제1호가 발행되었다.
- 이전에는 「한국공공도서관」이라는 표제로 2000년부터 연 4회 발간되었다가 2013년 2월부터 「공공도서관」으로 변경되었다.
- 「2013 공공도서관명감」은 「공공도서관」 2013년 12월호의 별책부록이다.

---

① 321   ▼a격월간

② 362   ▼a제14권 제1호(2013년 2월)−

③ 770   ▼t공공도서관 ▼g제14권 제6호(2013년 12월)

④ 785   ▼t한국공공도서관 ▼g제1권 제1호(2000년 3월)−제13권 제4호(2012년 12월)

12 주제명목록에 대한 설명으로 옳지 않은 것은?

① 주제명목록은 다양한 주제명을 주제순으로 배열한 목록이다.

② 주제명목록은 특정 분야에 관련된 자료와 연구를 위한 문헌을 조사할 때, 효과적으로 이용될 수 있도록 조직된 목록이다.

③ 주제명목록의 주표목은 시대, 지리, 형식 등의 세목을 통해 더 자세히 전개될 수 있다.

④ 표목 간의 관계를 미리 설정해 둔 주제명표목표를 활용하여 주제명의 일관성을 유지한다.

---

10 ① 분석합성식 분류표는 열거식 분류표에 비해 복수주제나 합성주제를 모두 나열할 필요가 없어 편찬하기가 쉽다.

②④ 본표가 간단하지만 다양한 패싯기호와 조합방식을 채택함으로써 기존의 주제나 개념에 신주제를 조합할 수 있다. 그러나 기호시스템이 복잡하고 기호가 길어진다.

11 ① 310   ▼a격월간

③ 770   ▼t2013 공공도서관명감 ▼g(2013년 12월)

④ 780   ▼t한국공공도서관 ▼g제1권 제1호(2000년 3월)-제13권 제4호(2012년 12월)

12 ① 주제명목록은 다양한 주제명을 가나다 또는 알파벳순으로 배열한 목록이다.

정답 및 해설 10.③ 11.② 12.①

13 다음 표제면을 KCR4를 적용하여 KORMARC 형식(통합서지용)으로 작성했을 때, 옳은 것은? (단, 지시기호와 띄어쓰기는 적용하지 않는다)

WORLD LIBRARY SERIES, VIII

PUBLIC LIBRARIES

공공도서관
제삼판

제임스 커터 저
홍길동 역

2013
서울
사단법인 한국도서관협회

---

① 245　▼a공공도서관 = ▼xPublic libraries / ▼d제임스 커터 저 ; ▼e홍길동 역

② 250　▼a제삼판

③ 260　▼a서울 : ▼b사단법인 한국도서관협회, ▼c2013

④ 440　▼aWorld library series ; ▼vVIII

14 다음 중 시멘틱웹에 대한 설명으로 옳은 것을 모두 고른 것은?

ㄱ 시멘틱웹을 작성하기 위한 주요 도구는 RDF와 온톨로지이다.
ㄴ 시멘틱웹은 OCLC에 의해 2001년에 최초로 제안되었다.
ㄷ 이 기법은 의미적으로 관련 있는 웹 검색을 가능하게 해 준다.
ㄹ 지능적 인터넷 에이전트를 개발하여 정보의 검색, 추출, 해석, 가공 등과 같은 제반 처리를 수행할 수 있게 해 준다.

---

① ㄱ, ㄷ　　　　　　　　② ㄱ, ㄴ, ㄹ

③ ㄱ, ㄷ, ㄹ　　　　　　④ ㄴ, ㄷ, ㄹ

15 박봉석의 「조선동서편목규칙(朝鮮東書編目規則)」에 대한 설명으로 옳지 않은 것은?

① 조선도서관협회에서 인정한 목록규칙으로, 1948년에 발간되었다.

② 저자명목록을 기본목록으로 채택하였다.

③ 목록규칙과 편목법을 겸한 규칙이다.

④ 「동서편목규칙」을 개정증보한 목록규칙이다.

16 AACR2R(2002)을 적용한 표목의 선정에 대한 설명으로 옳은 것은?

① 편집자의 책임하에 이루어진 저작은 그 편집자가 기본표목이 된다.

② 개작하거나 각색한 경우에 원저자가 기본표목이 되고 개작자나 각색자는 부출표목이 된다.

③ 원문과 주석이 함께 수록된 경우에는 어떤 것이 강조되었는지에 따라 주석자 · 해석자 또는 원저자가 기본표목이 된다.

④ 종합표제가 있는 두 사람 이상의 합집은 첫 번째 저자가 기본표목이 된다.

13 ② 250 ▾a제3판

③ 260 ▾a서울 : ▾b한국도서관협회, ▾c2013

④ 440 ▾aWorld library series ; ▾v8 → KORMARC 통합서지용 2014 개정판을 적용하면 총서사항은 490에 작성한다.

14 ⓛ 시멘틱웹은 웹의 창시자인 팀 버너스 리(Tim Berners Lee)에 의해 1998년에 최초로 제안되었다.

15 ② 서명 기본기입 원칙을 채택하였다.

16 ① 편집자의 책임하에 이루어진 저작은 표제가 기본표목이 된다.

② 개작하거나 각색한 경우에는 개작자나 각색자가 기본표목이 되고, 원저자는 부출표목이 된다.

④ 종합표제가 없는 두 사람 이상의 합집은 첫 번째 저작의 저자가 기본표목이 된다.

정답 및 해설 13.① 14.③ 15.② 16.③

17 저록에 사용된 이름(인명과 단체명, 지명, 표제명)과 주제명 등의 형식을 일관되게 유지하여 관련 자료를 목록상의 특정 위치에 집중하기 위한 활동을 의미하는 용어는?

① 표목(heading)

② 전거제어(authority control)

③ 서지제어(bibliographic control)

④ 접근점(access points)

18 RDA에 대한 설명으로 옳은 것은?

① 각 장은 자료 유형에 따라 나뉘지지 않고 개체와 관계를 중심으로 이루어졌다.

② 책임표시의 저자 수 제한을 3명 이하에서 4명 이하로 변경하였다.

③ 약어 표기는 AACR2R의 방침을 그대로 계승하였다.

④ RDA작성은 FRBR의 문제점을 보완한 새로운 개념 모델을 토대로 설계되었다.

19 메타데이터의 각 유형에 대한 설명으로 옳은 것은?

① 관리 메타데이터(administrative metadata)는 복합적인 디지털 객체들을 함께 묶어 주는 역할을 하는 메타데이터이다.

② 구조 메타데이터(structural metadata)는 정보자원의 접근, 이용 등의 제약에 관한 메타데이터이다.

③ 기술 메타데이터(descriptive metadata)는 정보자원의 발견, 식별, 선정 등을 돕는 메타데이터이다.

④ 기술 메타데이터(technical metadata)는 정보자원의 물리적, 논리적 내부 구조에 관한 메타데이터이다.

20 다음 자료에 해당하는 FRBR 제1집단의 개체로 옳은 것은?

> 김대한이 번역하고 한국출판사가 2013년에 발행한 Jane Austin의 소설 「오만과 편견」의
> 한글 번역서

① 저작(work)

② 표현형(expression)

③ 구현형(manifestation)

④ 개별자료(item)

---

17 문제의 지문은 전거제어에 대한 설명이다.

①④ 표목은 목록의 상단에 위치하여 배열 기준과 접근점이 되는 단어나 구, 기호를 지칭한다. 접근점은 표목보다 포괄적인 의미로 사용되었으나 최근에는 표목이라는 용어 대신 접근점이라는 용어를 사용하기도 한다.

③ 서지제어는 출판물에 대한 서지 사항의 기록, 서지기술의 표준화 업무 등 서지 작업 전반을 이른다.

18 ② RDA는 정보원에 나타난 그대로 기록한다. 또는 첫 번째를 제외하고 모두 생략하고, 생략된 내용을 각괄호로 처리할 수 있다.

③ 약어는 정보원에 나타난 그대로 사용하거나 완전어로 기술한다.

④ RDA는 FRBR과 FRAD 개념 모델을 목록에 적용하기 위한 목록규칙이다.

19 ①④ 구조 메타데이터에 대한 설명이다.

② 관리 메타데이터에 대한 설명이다.

20 제시된 자료는 구현형이다.

① 저작 : 오만과 편견 저작물 그 자체

② 표현형 : 한글 번역 표현형

③ 구현형 : 2013년에 한국출판사가 발행한 한글 번역서

④ 개별자료 : 각 도서관 소장 개별자료

※ FRBR의 3집단

㉠ 제1집단 : 서지레코드에 기술되어 있는 지적 예술적 활동의 성과(저작, 표현형, 구현형, 개별자료)

㉡ 제2집단 : 지적, 예술적 내용, 물리적 생산·배포 생산물의 관리 보관에 책임을 가지는 것(개인, 집단)

㉢ 제3집단 : 지적, 예술적 활동의 대상이 되는 주제를 개념, 대상, 사건, 장소의 4개로 나타냄

정답 및 해설 17.② 18.① 19.③ 20.③

1 듀이십진분류법(DDC) 제23판의 일부를 바탕으로 할 때 T1 표준구분표 −03(사전)을 합성할 수 없는 자료는?

378.103   Community relations
>>> Including volunteer student service Class interdisciplinary works on relations of colleges and universities with society in 306.432

.103 5   Industry relations
>>> Class here industry involvement in higher education

.106   Financial management
>>> Including tuition

① 『A dictionary of volunteer student service』
② 『A dictionary of community relations』
③ 『A dictionary of financial management』
④ 『A dictionary of industry involvement in higher education』

2 고대에서부터 현대에 이르기까지 많은 학자들이 학문을 분류했는데, 다음 〈보기〉 중 학자와 그 학자가 제시한 학문 분류의 기준이 맞게 연결된 것을 모두 고르면?

〈보기〉
㉠ 아리스토텔레스(Aristotle) : 의무, 부, 욕망, 해탈
㉡ 베이컨(Francis Bacon) : 사학, 시학, 과학
㉢ 헤겔(Georg W.F. Hegel) : 논리학, 자연과학, 정신과학
㉣ 스펜서(Herbert Spencer) : 순수수학, 자연과학, 정신과학

① ㉠, ㉡   ② ㉠, ㉢
③ ㉡, ㉢   ④ ㉡, ㉣

3 다음 중 콜론분류법(CC)에서 사용하는 분류기호에 해당하지 않는 것은?

① 10개 아라비아 숫자

② 26개 알파벳 대문자

③ 26개 알파벳 소문자

④ 그리스문자(Δ Delta)

4 다음은 범주화에 관한 두 가지 경향인 고전범주화와 자연범 주화에 대한 설명이다. 범주화의 유형과 그 설명이 바르게 연결된 것은?

① 고전범주화 – 범주는 분명한 경계를 갖는다.

② 자연범주화 – 범주 내의 구성원은 동등한 자격을 갖는다.

③ 고전범주화 – 범주 내의 구성원의 위계는 문화와 환경에 따라 달라진다.

④ 자연범주화 – 특정 범주에 속하는 모든 성원은 그 범주의 속성을 반드시 지녀야 한다.

---

1 ① 'volunteer student service'는 378.103에 포함된다. 따라서 표준구분표를 합성하지 않는다.

2 ㉠ 아리스토텔레스 : 정신능력(이론학, 실천학, 제작학), 목적(이론학, 실천학)
의무, 부, 욕망, 해탈 → 우파니샤드
㉣ 스펜서 : 추상과학(논리학, 수학), 추상-구체과학(역학, 물리학, 화학), 구체과학(천문학, 지질학, 생물학, 심리학, 사회학)
순수과학, 자연과학, 정신과학 → 분트

3 ③ 알파벳 소문자는 i, l, o를 제외한 23개만 사용한다.

4 ② 범주 내의 구성원은 동등한 자격을 갖는다. → 고전범주화
③ 범주 내의 구성원의 위계는 문화와 환경에 따라 달라진다. → 자연범주화
④ 특정 범주에 속하는 모든 성원은 그 범주 속성을 반드시 지녀야 한다. → 고전범주화

정답 및 해설 1.① 2.③ 3.③ 4.①

5 다음 중 국제십진분류법(UDC)의 분류기호 조합이 옳은 것은?

① 수학과 음악 51/78
   (수학 51, 음악 78)

② 경제학 연속간행물 33[05]
   (경제학 33, 연속간행물 05)

③ 한국의 화학공업 66(519)
   (화학공업 66, 한국 519)

④ 20세기 회화 75=19
   (회화 75, 20세기 19)

6 다음 중 한국십진분류법(KDC) 제6판에서 제시하는 총류와 언어, 문학을 제외한 대다수 자료의
주제분석을 위한 순서를 맞게 나열한 것은?

㉠ 출판 시 목록데이터(CIP)	㉡ 서문 또는 서론, 해설
㉢ 본문 통독	㉣ 표제
㉤ 참고문헌, 색인항목	㉥ 내용목차
㉦ 서평, 참고자료, 전문가	

① ㉠ - ㉣ - ㉥ - ㉡ - ㉤ - ㉢ - ㉦
② ㉠ - ㉣ - ㉥ - ㉢ - ㉡ - ㉤ - ㉦
③ ㉣ - ㉠ - ㉥ - ㉢ - ㉡ - ㉤ - ㉦
④ ㉣ - ㉥ - ㉡ - ㉢ - ㉤ - ㉠ - ㉦

7 리재철의 '한글순 도서기호법'에 따를 경우, 다음 중 '조지현 저, 장군 이순신전'의 도서기호로
가장 적합한 것은?

① 이52조   ② 조52장
③ 조52이   ④ 장52조

8 분류표의 주제를 구분하는 데 있어 하위류(subordinate classes)의 조직에 적용할 수 있는 가장 적절한 규범은?

① 공간인접순 원칙　　　　　　② 전통적 규범순서

③ 외연감소 규범　　　　　　　④ 양적순서 원칙

5　① 수학과 음악 51+78
　　② 경제학 연속간행물 33(05)
　　④ 20세기 회화 15"19"

6　KDC 제6판 주제분석을 위한 순서(총류, 언어, 문학 제외)
　　표제→내용목차→서문 또는 서론, 해설→본문 통독→참고문헌, 색인항목→CIP→서평, 참고자료, 전문가

7　전기서는 피전자를 기호화하며, 저자의 성을 저작기호란에 기입한다. 따라서 도서기호는 '이52조'이다.

8　외연감소 규범은 계층관계에서 각 구분단계마다 외연이 감소하는 것으로 하위류의 조직에 적용하기 적절하다.

정답 및 해설 5.③ 6.④ 7.① 8.③

2015. 6. 13. 서울특별시 시행 ┃ **73**

9 아래의 〈보기〉를 참고하여, 듀이십진분류법(DDC) 제23판을 기준으로 다음에 제시된 주제를 분류할 때 옳은 것은?

〈분류 주제 : Techniques of landscape painting in acrylics〉

〈보기〉

751.426   Acrylic painting
  .426 4   Acrylic painting techniques by subject
            Add to base number 751.4264 the numbers following 704.94 in
            704.942-704.949
704.942   Human figures
704.943   Nature and still life
  .943 2   Animals
  .943 4   Plants
  .943 6   Landscapes

---

① 751.426436
② 751.4264436
③ 751.42646
④ 751.42649436

10 한국십진분류법(KDC) 제6판에서 제시한 분류규정으로 옳은 것은?

① 어떤 주제의 연구 방법이나 이론을 응용할 경우에는 연구대상이 되는 주제 아래에 분류한다.
② 문헌이 두 주제 간의 원인과 결과를 다룬 것일 때는 원인이 되는 주제에 분류한다.
③ 구체적인 주제와 추상적인 주제가 함께 내포되어 있을 경우에는 추상적인 주제 아래 분류한다.
④ 다른 저자의 학설이나 연구결과를 비판한 문헌은 비판의 대상이 되는 저작에 분류한다.

11 틸렛(Tillett)의 7가지 서지적 관계 유형 중 한국문헌자동화목록형식(KORMARC) 통합서지용으로 작성된 다음 2개 서지레코드의 관계에 해당하는 것은?

1레코드	245 ▾a 엄마를 부탁해
	767 ▾t Please look after mom
2레코드	245 ▾a Please look after mom
	765 ▾t 엄마를 부탁해

① 대등관계   ② 기술관계

③ 파생관계   ④ 전후관계

---

9 $751.4264 + 704.9436 = 751.426436$

10 ② 문헌이 두 주제 간의 원인과 결과를 다룬 것일 때는 결과가 되는 주제에 분류한다.
③ 구체적인 주제와 추상적인 주제가 함께 내포되어 있을 경우에는 구체적인 주제 아래 분류한다.
④ 다른 저자의 학설이나 연구결과를 비판한 문헌은 비판한 학자에 분류한다.

11 파생관계 … 하나의 저작과 이 저작의 내용이나 표현형식을 변형한 저작 간의 관계로 번역서, 개정판, 증보판, 축약판, 개작, 극화, 소설화 등이 있다.
※ 틸렛의 7가지 서지적 관계 유형 … 대등, 파생, 기술, 전체-부분, 딸림자료, 전후, 특성공유

정답 및 해설 9.① 10.① 11.③

12 FRBR의 동일 저작의 표현형 상호 간의 관계 유형에 해당하는 것은?

① 복제   ② 개작
③ 변형   ④ 개정

13 한국목록규칙(KCR) 제4판의 전자책 및 전자저널의 기술 목록 규칙으로 옳지 않은 것은?

① 전자책의 으뜸정보원은 그 책의 유통사 홈페이지가 제공하는 정보를 가장 우선으로 삼는다.
② 전자책의 특정자료종별과 수량은 단권본의 경우 전자책의 수를 기입하고 원괄호 안에 자료 자체에 매겨진 쪽수나 장수를 기술한다.
③ 전자저널의 기술규칙은 KCR 제4판의 보유편 제14장에 수록되어 있다.
④ 인쇄 형태의 연속간행물을 디지털 형태로 복제한 전자저널을 기술대상으로 할 경우, 그 전자 저널의 표제나 책임 표시를 기술한다.

14 한국목록규칙(KCR) 제4판과 한국문헌자동화목록형식(KORMARC) 통합서지용으로 자료를 기술 할 때 옳은 것은? (단, 지시기호 및 띄어쓰기는 제외함)

캠핑을 위한 요리 Cooking for camping 조민수 지음 김인수 사진 도서출판 일신우일신	2010년 초판 2011년 제이판 2012년 제이판 2쇄 2013년 제삼판 2014년 제삼판 2쇄 도서출판　일신우일신 : 경기도　파주시 111번지 책크기 가로 : 11cm, 세로 : 24.3cm 150 p.

① 245　▼a 캠핑을 위한 요리 : ▼b Cooking for camping/ ▼d 조민수, ▼e 김인수

② 250　▼a 제삼판

③ 260　▼a 파주 : ▼b 일신우일신, ▼c 2014

④ 300　▼a 150 p. ; ▼c 25×11 cm

15 한국문헌자동화목록형식(KORMARC) 전거통제용(KSX6006-4)에서 1XX, 4XX, 5XX필드의 조기성을 바르게 나타낸 것은?

① X20 - 통일서명   ② X50 - 주제명

③ X51 - 연대명   ④ X81 - 연대세목

12 FRBR의 동일 저작의 표현형 상호 간의 관계 유형에 해당하는 것은 개정(초판-개정판, 원서-번역서 등)이다.
① 복제 - 원저작(등가)
②③ 새로운 저작(파생)

13 ① 정보원은 원칙적으로 기술의 대상이 되는 전자책 자체로, 자료에 나타난 정보 그대로 기술하는 것을 원칙으로 한다. 유통사 홈페이지가 제공하는 정보는 전자책 이외의 정보원이다.

14 ① 245 ▼a 캠핑을 위한 요리 = ▼x Cooking for camping/ ▼d 조민수 지음 ; ▼e 김인수 사진
② 250 ▼a 제3판
③ 260 ▼a 파주 : ▼b 일신우일신, ▼c 2013

15 ① X30 - 통일서명
③ X51 - 지리명
④ X81 - 지리세목, X82 - 연대세목

정답 및 해설 12.④ 13.① 14.④ 15.②

16 국립중앙도서관 주제명표목표의 기술원칙으로 가장 옳은 것은?

① 우리나라의 특성을 고려하여 'KDC, UDC, NK(North Korean), SK(South Korean), SNN(Scientific Name), 각종 외국어코드'를 추가하였다.

② 주제명표목표에 등록할 복합명사는 조합개념의 개수(個數), 즉 깊이에 제한을 두어 적용하였다.

③ 로마자 약어나 두문자어가 한글 음으로 자주 사용된다고 판단되는 경우에는 이를 우선어로 삼았다.

④ 차음어 혹은 번역어인 경우 번역어를 우선 채택하였다.

17 다음 〈보기〉는 국제목록원칙규범(The Statement of International Cataloguing Principles)의 목록기능 중 무엇인가?

〈보기〉

저작과 표현형, 구현형, 개별자료, 개인, 가족, 단체, 개념, 대상, 사건, 장소 간의 관계를 제시하는 것을 포함하여, 이에 대한 서지데이터와 전거데이터의 논리적 배열과 명확한 이동 방법을 제시하는 일

① 서지자원이나 에이전트를 식별하는 일

② 목록의 안팎을 항해하는 일

③ 이용자의 요구에 적합한 서지자원을 선정하는 일

④ 기술된 개별자료를 입수 혹은 접근을 확보하는 일

18 다음 〈보기〉는 분류목록에 대한 설명이다. 옳은 것을 모두 고르면?

〈보기〉

㉠ 자료를 주제로 검색하기 위한 주제목록의 일종이다.

㉡ 하나의 자료에는 하나의 저록만이 가능하다.

㉢ 자료의 배열순서는 서가상의 배열순서와 일치한다.

㉣ 부출저록이나 분출저록을 이용한다.

① ㉠, ㉡　　　　　　　　　　　　② ㉠, ㉣

③ ㉡, ㉢　　　　　　　　　　　　④ ㉢, ㉣

16 ① 우리나라의 특성을 고려하여 'KDC, DDC, NK(North Korean), SK(South Korean), SNN(Scientific Name), 각종 외국어코드'를 추가하였다.

② 주제명표목표에 등록할 복합명사는 조합개념의 개수(個數), 즉 깊이에 제한을 두지 않는다.

④ 차음어 혹은 번역어인 경우 더 많이 사용되거나 안정된 용어를 우선 채택하였다.

17 제시된 내용은 목록의 안팎을 항해하는 일인 Navigation 기능이다.

① 서지자원이나 에이전트를 식별하는 일→Identify

② 목록의 안팎을 항해하는 일→Navigation

③ 이용자의 요구에 적합한 서지자원을 선정하는 일→Select

④ 기술된 개별자료를 입수 혹은 접근을 확보하는 일→Obtain

18 ㉡ 두 개 이상의 분류기호를 가진 경우 두 개 이상의 표목으로 배열된다.

㉢ 자료의 배열순서가 서가상의 배열순서와 일치하는 것은 아니다.

정답 및 해설 16.③　17.②　18.②

19 다음 〈보기〉 중 DC 메타데이터의 한정어인 요소세목을 모두 고른 것은?

〈보기〉

ⓐ format – IMT   ⓑ format – medium

ⓒ identifier – URI   ⓓ date – dateAccepted

ⓔ date – DCMI Period

① ⓐ, ⓑ   ② ⓐ, ⓔ

③ ⓑ, ⓒ   ④ ⓑ, ⓓ

20 한국문헌자동화목록형식(KORMARC) 통합서지용에서 제시한 필드 중 반복 가능한 것은?

① 008 부호화 정보필드   ② 245 표제와 책임표시사항

③ 250 판사항   ④ 260 발행, 배포, 간사사항

19 ㉠ format－IMT(Internet Media Type) : 입력체계

　　㉢ identifier－URI(Uniform Resource Identifier) : 입력체계

　　㉤ date－DCMI Period(시대 표기법) : 입력체계

20 ④ 260 발행, 배포, 간사사항은 반복 가능한 필드이다.

　　①②③ 008, 245, 250 필드 반복 불가

정답 및 해설 19.④　20.④

1 KDC 제6판의 주요 개정 방침에 대한 설명으로 옳은 것은?

① 특수주제구분 적용을 확대한다.

② 항목표기 시 두음법칙을 적용하고 색인어는 모두 띄어 쓴다.

③ 다양한 주기유형을 도입하여 분류항목에 주기를 적극 제시하며 주기 기술방식을 다양화한다.

④ 한글과 영문의 병기는 주류, 강목, 요목까지 적용한다.

2 다음은 KCR(한국목록규칙) 제4판을 적용하여 KORMARC 형식(통합서지용)으로 작성한 레코드의 일부이다. ㉠, ㉡에 들어갈 표시기호(Tag)는? (단, 띄어쓰기, 필드종단기호는 적용하지 않는다)

```
  245  00   ▼a삼봉 정도전: ▼b문정인 장편소설 / ▼d문정인 지음
  260       ▼a서울 : ▼b공상공간, ▼c2010
( ㉠ ) 18   ▼a정도전, ▼d1342-1398 ▼v소설
( ㉡ ) 1    ▼a문정인
```

㉠	㉡
① 600	100
② 600	700
③ 650	100
④ 650	700

3 KORMARC 형식(통합서지용)에서 필드의 연결이 바르지 않은 것은?

① 254 – 악보의 표현형식

② 255 – 지도제작의 수치데이터

③ 257 – 보존기록의 특성

④ 263 – 발행예정일자

4 전거파일 기능에 대한 설명으로 옳지 않은 것은?

① 서지레코드의 접근점 필드와 전거레코드의 제어번호를 분리함으로써 서지 파일에 수록된 전거형식과 참조를 갱신한다.

② 목록작성자가 목록에 추가하는 서지기술에 사용할 접근점을 선정하고 부여할 때 참고도구의 기능을 수행한다.

③ 서지파일에 사용되는 접근점의 형식을 제어한다.

④ 이용자가 필요로 하는 안내 정보나 참조를 제시하여 이용자의 서지파일 접근을 지원한다.

---

1 ② 항목표기 시 두음법칙을 적용하고 색인어는 모두 붙여쓴다.
　 ③ 다양한 주기유형을 도입하여 분류항목에 주기를 적극 제시한다. 주기 기술방식은 일원화한다.
　 ④ 한글과 영문의 병기는 주류, 강목까지 적용한다.

2 • 정도전 : 통제된 인명으로 주제부출필드 인명을 적용한다. →600
　 • 문정인 : 일반인명 →700

3 ③ 257 – 기록필름의 제작국명

4 ① 서지레코드의 접근점 필드와 전거레코드의 제어번호를 결합함으로써 서지 파일에 수록된 전거형식과 참조를 갱신한다.

정답 및 해설 1.① 2.② 3.③ 4.①

5 KDC 제6판 사회과학(300) 분야 표목변경 항목의 내용이 옳은 것만을 모두 고른 것은?

		KDC 제5판		KDC 제6판
㉠	372.37	여행, 소풍	→	수학여행, 수련활동
㉡	376.7	실업교육	→	특성화교육
㉢	378	평생교육	→	사회교육
㉣	379.16	지적장애인교육	→	정신지체장애인교육
㉤	379.4	불량아교육, 문제아교육	→	학교부적응 및 비행 학생교육

① ㉠, ㉡, ㉤   ② ㉠, ㉢, ㉣
③ ㉡, ㉣, ㉤   ④ ㉢, ㉣, ㉤

6 다음은 「Cutter-Sanborn Three-Figure Author Table」 사용법에 대한 설명이다. ㉠~㉢에 들어갈 내용으로 적절한 것은?

> • 저자의 성에서 첫 글자를 대문자로 채기한 후에 Table에서 해당 저자의 번호를 찾아 기입한다. 만약 저자명에 해당하는 번호가 없는 경우에는 바로 (㉠)의 번호를 사용한다.
> • 전기자료(전기서, 자서전, 회상록 등)는 (㉡)를 기호화하며 이 경우에 (㉢)의 성을 저작기호로 간주하여 부기한다.

	㉠	㉡	㉢
①	뒤	저자	피전자
②	앞	피전자	저자
③	앞	저자	피전자
④	뒤	피전자	저자

7 DDC 제23판의 개정 내용에 대한 설명으로 옳지 않은 것은?

① 과학(500)의 'mathematical logic'을 확장하였다.

② 690의 표목 'Construction of buildings'를 'Buildings'로 변경하였다.

③ 제22판의 721(Architectural structure)은 720(Architecture)으로 이치하였다.

④ 문학(800)은 T6의 변경을 반영하여 소수 문학을 신설하였다.

8 메타데이터에 대한 설명으로 옳지 않은 것은?

① RDF는 자원과 자원의 속성, 그와 같은 속성의 값을 표현하기 위한 데이터모델이다.

② DC는 15개 기본요소로 구성되며 그 중 Rights에는 자원이 가지고 있는 권리나 자원에 대한 권리에 관한 정보를 기술한다.

③ MODS는 LC가 개발하였으며 MARC와 유사한 의미구조를 가진 XML스키마이다.

④ RDA는 자료식별을 위한 기술부와 자료검색의 수단 또는 문헌집중을 위한 접근점의 구조로 분리되어 있다.

---

5 ⓒ 378 사회교육 → 평생교육

ⓔ 379.16 정신지체장애인교육 → 지적장애인교육

6 • 저자의 성에서 첫 글자를 대문자로 채기한 후에 Table에서 해당 저자의 번호를 찾아 기입한다. 만약 저자명에 해당하는 번호가 없는 경우에는 바로 (앞)의 번호를 사용한다.

• 전기자료(전기서, 자서전, 회상록 등)는 (피전자)를 기호화하며 이 경우에 (저자)의 성을 저작기호로 간주하여 부기한다.

7 ② 690의 표목 'Buildings'를 'Construction'로 변경하였다.

8 ④ RDA는 기술부와 접근점을 분리하지 않았다.

정답 및 해설 5.① 6.② 7.② 8.④

9 DDC 제23판을 적용하여 〈보기〉와 같이 분류할 때, 해당주제와 분류기호의 연결이 옳은 것만을 모두 고른 것은?

〈보기〉

016 Bibliographies and catalogs of works on specific subjects

    Add to base number 016 notation 001-999, e.g., ...

  ㉠ 음악에 관한 서지 - 016.78
  ㉡ 화학분야에 관한 서지 - 016.54
  ㉢ 프랑스어에 관한 서지 - 016.44
  ㉣ 남미역사에 관한 서지 - 016.98

---

① ㉠, ㉢   ② ㉠, ㉡, ㉣

③ ㉡, ㉢, ㉣   ④ ㉠, ㉡, ㉢, ㉣

10 다음은 DDC 제23판의 본표 일부를 발췌한 것이다. ㉠, ㉡에 들어갈 보조표는?

220.5	Modern versions and translations
.53-.59	Versions in other languages
	Add to base number 220.5 notation 3-9 from (㉠)
704	Special topics in fine and decorative arts
.031-.039	Specific ethnic and national groups
	Add to base number 704.03 notation 1-9 from (㉡)

	㉠	㉡
①	Table 2	Table 5
②	Table 5	Table 6
③	Table 6	Table 5
④	Table 6	Table 4

11 KORMARC 형식(통합서지용)의 연관저록 필드의 연결이 바르지 않은 것은?

① 동시발간저록 − 776

② 원저저록 − 765

③ 이판저록 − 775

④ 선행저록 − 780

---

9 ㉠ 780 Music

   ㉡ 540 Chemistry

   ㉢ 440 French & related languages

   ㉣ 980 History of South America

10 ㉠ langusges(언어) → Table 6

   ㉡ ethnic and national groups(민족 및 국가) → Table 5

11 ① 동시발간저록−777

정답 및 해설 9.④ 10.③ 11.①

12 다음은 KORMARC 형식(통합서지용) 데이터의 일부이다. ㉠∼㉢에 들어갈 표시기호(Tag)는? (단, 지시기호, 띄어쓰기, 필드종단기호는 적용하지 않는다)

(㉠)　　　▼a참고문헌: p. 699-702

(㉡)　　　▼p원본출판사항: ▼c서울: 행복신문사, 1961

(㉢)　　　▼a노벨경제학상, 2004

	㉠	㉡	㉢
①	500	533	586
②	500	534	585
③	504	533	585
④	504	534	586

13 DDC 제23판으로 자료를 분류할 때, 적용하는 규정에 대한 설명으로 옳지 않은 것은?

① 기독교가 한국문화에 끼친 영향에 관한 자료는 한국문화에 분류한다.

② 수단(962), 모로코(964), 알제리(965)의 역사를 함께 다룬 자료는 아프리카의 역사(960)에 분류한다.

③ 자료『Child Welfare in China and Germany』가 두 주제를 같은 비중으로 다루었을 경우 'Child Welfare in China'에 분류한다.

④ 아동발달에 관한 자료가 심리학, 사회학, 신체적 발달 등 여러 학문적 관점에서 다루어졌고, 특별히 저자가 강조한 관점이 없으면 학제적 번호에 분류한다.

14 동양의 목록규칙에 대한 설명으로 옳은 것은?

① 한국목록규칙 초판은 표목의 형식을 한글과 한자로 병기하였다.

② 정묵이 편찬한 한서예문지는 사분법의 효시를 이룬 목록이다.

③ 우리나라 최초의 유교관계목록은 신편제종교장총록이다.

④ 한은도서편목법은 국내에서 처음으로 저자명기본기입을 원칙으로 채택한 목록규칙이다.

15 KCR(한국목록규칙) 제4판의 주요 특징으로 옳지 않은 것은?

① 목록기능 제시

② 기술대상의 확대

③ 화상 자료와 영상 자료의 분리

④ 통일표목의 배제

---

12 504 ▾a참고문헌: p. 699-702 → 서지 등 주기 [반복]

534 ▾p원본출판사항: ▾c서울: 행복신문사, 1961 → 원본주기 [반복]

586 ▾a노벨경제학상, 2004 → 수상 주기 [반복]

13 ③ 자료 『Child Welfare in China and Germany』가 두 주제를 같은 비중으로 다루었을 경우 선행규칙을 적용하여 'Child Welfare in Germany'에 분류한다.(China -51, Germany -43)

14 ① 한국목록규칙 초판은 표목의 형식을 한글로만 기재하였다.

② 사분법의 효시를 이룬 목록은 정묵이 편찬한 중경부이다.

③ 우리나라 최초의 유교관계 목록은 해동문헌총록이다.

15 ③ 화상 자료와 영상 자료를 통합하였다.

정답 및 해설 12.④ 13.③ 14.④ 15.③

16 콜론분류법(CC)에 대한 설명으로 옳지 않은 것은?

① 주제의 형성은 그 주제와 하위 개념간의 관계, 주제의 구성요소간의 관계에 따라 이루어진다.

② 기본주제 및 패싯을 분석하고 해당기호를 합성하는 연역적 · 하향식분류표이다.

③ 주제의 구성요소를 특성계열로 분석하여 이를 일정한 형식으로 합성하는 분석합성식 구조이다.

④ 기본주제는 추상적인 것에서 구체적인 것으로, 자연적인 것에서 인위적인 것으로 배치되어 있다.

17 KDC 제6판을 적용할 때, 해당주제와 분류기호의 연결이 옳은 것만을 모두 고른 것은?

> ㉠ 불교의 교파 - 228
> ㉡ 힌두교의 교리 - 271
> ㉢ 이슬람교의 경전 - 283
> ㉣ 기독교의 선교활동 - 235

① ㉠, ㉡

② ㉠, ㉢, ㉣

③ ㉡, ㉢, ㉣

④ ㉠, ㉡, ㉢, ㉣

18 다음은 『우주의 신비』에 부여된 ISBN의 부가기호(73440)이다. ㉠ ~ ㉢에 들어갈 의미로 옳은 것은?

> 『우주의 신비』: ISBN 978-89-6352-530-3 <u>73440</u>
>
> $$\underline{\quad 7 \quad} \quad \underline{\quad 3 \quad} \quad \underline{\quad 440 \quad}$$
> (㉠) (㉡) (㉢)

	㉠	㉡	㉢
①	전문도서	단행본	광물학
②	아동도서	단행본	천문학
③	전문도서	그림책	천문학
④	아동도서	그림책	광물학

16 ② 콜론 분류법은 분석합성식 분류표로 귀납적·상향식분류표이다.

17 ㉠ 220 불교+-8 종파, 교파
　　㉡ 270 힌두교+-1 교리, 교의
　　㉢ 280 이슬람교+-3 경전, 성전
　　㉣ 230 기독교+-5 선교, 포교, 전도, 교화(교육)활동

18 ㉠ 독자대상기호 7 → 아동
　　㉡ 발행형태기호 3 → 단행본
　　㉢ 내용분류기호 440 → 천문학

정답 및 해설 16.② 17.④ 18.②

19 목록규칙에 대한 설명으로 옳지 않은 것은?

① Panizzi의 목록규칙은 서명기본기입을 원칙으로 하는 최초의 조직적인 규칙이라 할 수 있다.

② Jewett의 목록규칙은 미국에서 최초로 발간된 공간(公刊)규칙으로 종합목록을 시도한 규칙이다.

③ AACR 초판은 ICCP에서 채택된 원칙성명을 반영한 규칙으로 북미판과 영국판으로 각각 출판되었다.

④ AACR2는 제1부 기술과 제2부 표목·통일표제·참조로 구성되었으며, 기술의 구두법은 ISBD를 따르고 있다.

20 다음 분류법 중 주류 배열이 콩트(A. Comte)의 학문분류에 기초한 것을 모두 고른 것은?

㉠ 한국십진분류법(KDC)	㉡ 해리스(Harris)의 분류법
㉢ 미국의회도서관분류법(LCC)	㉣ 일본십진분류법(NDC)
㉤ 전개분류법(EC)	

① ㉢, ㉤

③ ㉡, ㉣, ㉤

② ㉠, ㉡, ㉣

④ ㉢, ㉣, ㉤

19 ① Panizzi의 목록규칙은 저자기본기입을 원칙으로 하는 최초의 조직적인 규칙이라 할 수 있다.

20 이론적 지식과 실증적 지식으로 구분한 철학자 콩트의 학문분류는 커터의 전개분류법, 미국의회도서관분류법, 일본십진분류법에 큰 영향을 주었다.
　　㉠ 한국십진분류법은 듀이의 십진분류법을 바탕으로 만든 것이다.
　　㉡ 해리스의 분류법은 역베이컨식으로 듀이의 십진분류법에 영향을 미쳤다.

정답 및 해설 19.① 20.④

1 분류법에 대한 설명으로 옳지 않은 것은?

① 해리스(W.T. Harris)의 분류법은 분류기호와 도서기호를 서가배열과 목록배열에 사용한 분류법으로 이후의 서가분류법에 영향을 주었다.

② 카터(C.A. Cutter)의 전개분류법은 꽁트(A. Comte)의 학문분류 체계에 영향을 받았으며, 배열순서는 일반적으로 주제의 진화 순으로 되어 있다.

③ 브리스(H.E. Bliss)의 서지분류법은 5개의 공통패싯을 이용한 분석합성식 원리를 수용하였으며, 콜론분류법에 영향을 주었다.

④ 에드워즈(E. Edwards)의 분류법은 근대 영국 공공도서관의 대표적인 분류법으로 신학, 의학, 서지 등 12개의 주류로 구분되어 있다.

2 「사고전서총목제요(四庫全書總目提要)」의 사부분류법(四部分類法)에 따라 구분할 때, 경부(經部)에 해당하지 않는 것은?

① 시류(詩類)　　　　　　　　　② 악류(樂類)

③ 춘추류(春秋類)　　　　　　　④ 유가류(儒家類)

3 다음은 KDC 제6판의 분류규정을 적용한 예시이다. 옳은 것만을 모두 고른 것은?

> ㉠ 「한국 철학에 미친 유교의 영향」 → '유교'가 아닌 '한국 철학'에 분류
> ㉡ 「종교사의 기원으로서의 신화」 → '신화'가 아닌 '종교사'에 분류
> ㉢ 「영어 학습을 위한 셰익스피어의 로미오와 줄리엣(한영 대역서)」 → '영어'가 아닌 '영문학'에 분류

① ㉠, ㉡　　　　　　　　　　② ㉠, ㉢

③ ㉡, ㉢　　　　　　　　　　④ ㉠, ㉡, ㉢

4 KDC가 제5판에서 제6판으로 개정되면서 변경된 분류항목으로 옳은 것만을 모두 고른 것은?

분류항목	제5판	제6판
㉠ 건축사	610.9	540.09
㉡ 통계학	310	413
㉢ 양극지방	970	969
㉣ 국립도서관	026.2	026.1

① ㉠, ㉡

② ㉢, ㉣

③ ㉠, ㉡, ㉢

④ ㉡, ㉢, ㉣

---

1 ④ 에드워즈의 분류법은 근대 영국 공공도서관의 대표적인 분류법으로 신학(A), 철학(B), 역사(C), 정치학 및 상업(D), 과학 및 기술(E), 문학 및 작가(F) 등 6개의 주류로 구분되어 있다.

2 ④ 유가류는 자부(子部)에 해당한다.
※ 사고전서의 분류체계
　㉠ 경부(經部) : 역류, 서류, 시류, 예류, 춘추류, 효경류, 오경총의류, 사서류, 악류, 소학류
　㉡ 사부(史部) : 정사류, 편년류, 기사본말류, 별사류, 잡사류, 조령주의류, 전기류, 사초류, 재기류, 시령류, 지리류, 직관류, 정서류, 목록류, 사평류
　㉢ 자부(子部) : 유가류, 병가류, 법가류, 농가류, 의가류, 천문산법류, 술수류, 예술류, 보록류, 잡가류, 류서류, 소설가류, 석가류, 도가류
　㉣ 집부(集部) : 초사류, 별집류, 총집류, 시문평류, 사곡류

3 ㉠ 영향 관계에서는 영향을 받은 쪽에 분류한다.
㉡ 추상적인 주제와 구체적인 주제에서는 구체적인 주제에 분류한다.
㉢ 언어 학습과 관련된 대역서 또는 주해서 등은 학습할 언어에 분류한다.

4 ㉠ 제5판의 540 건축공학은 610 건축술과 통합되면서 제6판에서는 540 건축, 건축학이 되었다.
㉡ 제5판 310 통계학은 제6판에서 413으로 통합·재배치되었다.
㉢ 제6판에서는 제5판의 960 오세아니아와 970 양극지방이 960에 통합되고 970은 공기호로 남겨두었다.
㉣ 제6판은 026.1 국가대표도서관이 신설되었고 국립도서관은 026.2로 이치되었다.

정답 및 해설 1.④ 2.④ 3.① 4.③

5 다음은 KDC 제6판 본표의 일부를 발췌한 것이다. ㉠ ~ ㉣에 들어갈 조기표로 옳은 것은?

---

290 기타 제종교 Other religions
291 아시아
 .1 한국
 .2-.9 기타 아시아 각국
   발상국에 따라 (㉠) -12-19와 같이 세분한다.

362 헌법 Constitutional law
   362.001-.009는 (㉡)에 따라 세분한다.
  예 : 헌법판례   362.0023
 .01-.07 각국헌법
 .11 한국헌법

718 방언(사투리) Dialect
 .1-.9 각 지방의 방언
   (㉢) -111-1199와 같이 세분한다.
  예 : 제주도 방언   718.99

790 기타 제어 Other languages
  별법 : 도서관에 따라 각 언어에 대해 (㉣)을 적용할 수 있다.
792 인도-유럽어족
 .1 그리스어
 .2 라틴어

---

① ㉠ – 종교공통구분   ② ㉡ – 표준구분
③ ㉢ – 언어공통구분   ④ ㉣ – 국어구분

6 다음은 DDC 제23판 본표의 일부를 발췌한 것이다. 괄호 안에 들어갈 보조표로 옳은 것은?

746.7 Rugs

  .751-.758 Styles from specific Asian countries and localities other than southeast Asia

    Add to base number 746.75 the numbers following -5 in notation 51-58 from (   ), e.g., Chinese rugs 746.751

① Table 2   ② Table 4

③ Table 5   ④ Table 6

---

5 ㉠㉢ 지역구분표
   ㉣ 언어공통구분표

6 DDC 제23판 Table 2 Geographic Areas, Historical Periods, Biography에서 중국은 -51이고, Table 5 Ethnic and National Groups에서 중국은 -951이다.

정답 및 해설 5.② 6.①

7 DDC 제23판의 분류기호에 따를 때, 해당 주제와 분류기호의 연결이 옳은 것만을 모두 고른 것은?

> ㉠ 독일어로 된 수필(2인 이상 저자 작품) → 834
> ㉡ 영어로 된 미국소설(2인 이상 저자 작품) → 823
> ㉢ 스페인어로 된 서간문(2인 이상 저자 작품) → 856
> ㉣ 고대영어로 된 문학작품(2인 이상 저자 작품) → 829

① ㉠, ㉡   ② ㉠, ㉣
③ ㉡, ㉢   ④ ㉢, ㉣

8 다음의 주류(main classes)기호 아래에 세분되어 있는 KDC와 DDC의 분류항목으로 옳지 않은 것은?

주류	KDC 제6판	DDC 제23판
① 300	통계자료	General management
② 400	기상학	Romance languages
③ 500	제조업	Earth sciences
④ 600	공예	Medicine and health

9 국제십진분류법(UDC)에 대한 설명으로 옳지 않은 것은?

① 완전판, 중간판, 간략판, 특정 주제판, CD-ROM, 웹버전 등으로 출시되고 있어 선택의 여지가 많아 다양한 요구에 부응할 수 있다.

② 서가배열을 위한 분류보다는 서지에 수록될 정보를 보다 정확하고 상세하게 분류하기 위한 목적에서 고안되었다.

③ 분류기호를 부여한 후 이를 배열하기 위한 순서(filing order)를 별도로 제시하고 있다.

④ 기본주제의 배치원리는 암페르(A.M. Ampere)의 학문배열을 따르며, 주류 배열 순서를 자연과학, 인문학, 사회과학 순으로 배정하였다.

10 다음은 「Cutter-Sanborn Three-Figure Author Table」의 일부분이다. 이 표를 적용하여 Robert Perry가 지은 「Public Library, third edition」의 도서기호로 옳은 것은?

Perry	462	Robert	639
Perry, G.	463	Robert, G.	641
Perry, M.	464	Robert, M.	642
Perry, S.	465	Roberts	643
Pers	466	Roberts, F.	644

① P464-3

② P464p3

③ R642-3

④ R642p3

---

7 ⓒ 영어로 된 미국소설(2인 이상 저자 작품) → 813

ⓒ 스페인어로 된 서간문(2인 이상 저자 작품) → 866

8 ① DDC 제23판에서 General management는 658로, 주류기호 600 경영 및 보조서비스 아래 세분된다.

9 ④ 콜론분류법(CC)에 대한 설명이다.

10 • 저자 Robert, Perry → 선치기호인 Perry, M의 464 부여

• 저작 Public Library → p

• 판차 third edition → 3

따라서 Robert Perry가 지은 「Public Library, third edition」의 도서기호는 P464p3

정답 및 해설 7.② 8.① 9.④ 10.②

11 주요 목록규칙(편목규칙)에 대한 설명으로 옳은 것만을 모두 고른 것은?

> ㉠ 한국목록규칙 제4판은 기본표목을 규정하지 않고 있으며, 통일표목을 적용하지 않는다.
> ㉡ 박봉석의 조선동서편목규칙은 국제적 추세를 수용하여 저자명목록을 기본목록으로 하고 있다.
> ㉢ C.A. Cutter의 사전체목록규칙은 이용자의 편의성을 강조한 규칙으로서 이후의 목록규칙에 많은 영향을 미쳤다.
> ㉣ RDA(Resource Description and Access)는 IFLA의 FRBR과 FRAD의 개념모형을 기반으로 하고 있다.

① ㉠, ㉡
② ㉢, ㉣
③ ㉠, ㉢, ㉣
④ ㉡, ㉢, ㉣

12 서지적 관계유형에서 틸렛(B. Tillett)이 주장한 파생관계(derivative relationships)에 해당하는 것은?

① 개정판, 번역서
② 영인본, 증보판
③ 해설집, 서평
④ 요약집, 색인집

13 주제명표목표의 '참조'에 대한 설명으로 옳지 않은 것은?

① '참조'는 이용자가 사용한 탐색어로부터 주제명표목표에서 선정한 표목으로 안내하고 관련 표목 간을 연결하기 위한 것이다.
② '보라참조'는 표목으로 채택되지 않은 주제명에서 채택된 주제명표목으로 연결시켜 주는 역할을 한다.
③ '도보라참조'는 표목으로 채택된 주제명을 채택되지 않은 주제명으로 연결시켜 주는 역할을 한다.
④ '일반참조'는 개별 표목을 지시하는 참조와는 달리, 일단의 표목이나 범주를 지시하는 역할을 한다.

14 한국목록규칙 제4판의 기술규칙 중 각종 자료의 표제관련 기술규칙에 대한 설명으로 옳지 않은 것은?

① 지도자료의 경우, 자료의 어느 부위에도 표제의 표시가 없는 경우에는 대상 지명을 나타내는 어구가 포함되도록 하여 본표제를 보기한다.

② 고서자료의 경우, 다권본으로 이루어진 자료는 첫째 권 또는 첫 책의 권수제면(卷首題面)이나 표제면을 기준으로 본표제를 기술한다.

③ 악보자료의 경우, 식별상 필요한 숫자나 문자가 표제와 불가분의 관계가 있는 경우에는 이를 본표제의 일부로 기술한다.

④ 화상자료 중 복제화는 원화의 표제를 본표제로 기술하고, 원화의 일부를 복제한 경우에는 이 사실을 부기한다.

---

11 ㉡ 박봉석의 조선동서편목규칙은 한국인이 발행한 최초의 목록규칙으로 서명을 기본목록으로 하고 있다.

12 틸렛의 7가지 서지적 관계유형
㉠ **대등관계** : 복본, 복제물, 영인본, 재쇄본 등
㉡ **파생관계** : 번역서, 개정판, 증보판 등
㉢ **기술관계** : 서평, 해설집, 사례집, 주석본 등
㉣ **부분-전체관계** : 선집, 합집 등
㉤ **딸림자료관계** : 교과서와 그에 딸린 지도책 등
㉥ **전후관계** : 선행자료와 후속자료, 속편 등
㉦ 특성공유관계

13 ③ 표목으로 채택된 주제명을 채택되지 않은 주제명으로 연결시켜 주는 역할을 하는 것은 '에서보라참조'이다. '도보라참조'는 특정 표목과 관련된 다른 표목끼리 연결시키며 주제의 상호관계 및 종속관계를 표현한다.

14 ④ 복제화는 복제화의 표제를 본표제로 기술하고, 원화의 일부를 복제한 경우에는 이 사실을 부기한다.

15 다음은 한국목록규칙 제4판과 KORMARC 형식(통합서지용)으로 작성한 레코드의 일부이다. 바르게 입력된 필드만을 모두 고른 것은? (단, 지시기호와 띄어쓰기는 적용하지 않는다)

```
020    ▾a978-89-460-5625-1▾g93530 : ▾c₩25000
245    ▾a현대 도시계획의 이해 : ▾b환경공학적 접근 /
       ▾d존 버틀러 지음, ▾e김철수, ▾e이영희 옮김
260    ▾a파주 : ▾b인쇄문화, ▾c2013
300    ▾a395 p. ; 삽화 : ▾c23 cm + ▾e전자 광디스크 1매
650    ▾a도시계획
```

① 020, 245
② 260, 650
③ 020, 260, 650
④ 245, 300, 650

16 다음은 한국목록규칙 제4판과 KORMARC 형식(통합서지용)으로 작성한 레코드의 일부이다. ㉠과 ㉡에 들어갈 표시기호는? (단, 지시기호와 띄어쓰기는 적용하지 않는다)

```
245    ▾a한국 고전소설 연구사▾h[전자자료] / ▾d최보라 지음
300    ▾a전자책 1책(263 p.)
( ㉠ )  ▾a같은 내용으로 단행본도 있음
( ㉡ )  ▾a최보라. ▾t한국 고전소설 연구사. ▾d서울 : 한국도서관협회, 2010
```

	㉠	㉡
①	530	775
②	530	776
③	538	775
④	538	776

17 KORMARC 형식(통합서지용)의 서지레코드에서 FRBR의 표현형 식별을 위한 언어 정보로 이용할 수 있는 것은?

① 리더/00-04

② 005 필드

③ 007 필드/01

④ 008 필드/35-37

18 번역서에 대한 아래의 예시를 MARC 형식으로 서지레코드를 작성할 때, 원본의 표제를 기술할 MARC 21과 KORMARC 형식(통합서지용)의 표시기호를 순서대로 짝지은 것은?

> 대상 자료 : 「위대한 개츠비」
> 　　　　　　 F. Scott Fitzgerald 지음 강슬기 번역
> 　원본의 표제 : 「The Great Gatsby」

① 240 − 240

② 240 − 246

③ 246 − 240

④ 246 − 246

---

15 020 ▼a9788946056251 ▼g93530 : ▼₩25000
245 ▼a현대 도시계획의 이해 : ▼b환경공학적 접근 / ▼d존 버틀러 지음 : ▼e김철수, ▼e이영희 옮김
300 ▼a395 p. : ▼b삽화 ; ▼c23 cm + ▼e전자 광디스크 1매

16 530 필드에는 이를 알기 쉽게 나타낸다.
776 필드는 기타형태저록으로 해당 자료가 이용가능한 다른 물리적 형태의 자료로 간행되고 있을 때(수평적 관계) 이에 관한 사항을 기술한다.

17 ① 레코드 길이
② 최종처리일시
③ 특정자료종별

18 MARC21의 경우 원표제는 240에 입력하며, KORMARC 형식의 표시기호는 246(여러 형태의 표제)이다.

19 한국목록규칙 제4판에서 규정하고 있는 자료특성사항의 예시 중 자료특성사항을 기술한 것이 아닌 것은? (단, 띄어쓰기는 적용하지 않는다)

① 관현악총보
② 전자 데이터(1파일 : 550레코드)
③ 축척 1 : 50,000 ; 등거리방위도법
④ 녹음 릴 1개(31분)

20 DC로 작성된 아래의 레코드를 MODS로 변환할 때, ㉠～㉣에 해당하는 MODS의 상위요소로 옳은 것은? (단, 띄어쓰기는 적용하지 않는다)

㉠ 〈dc:title〉경제의 원칙과 실제〈/dc:title〉
㉡ 〈dc:creator〉박경제〈/dc:creator〉
〈dc:subject〉경제학〈/dc:subject〉
㉢ 〈dc:date〉2015〈/dc:date〉
㉣ 〈dc:type〉텍스트〈/dc:type〉
〈dc:identifier〉ISBN 978-89-4039-132-1〈/dc:identifier〉
〈dc:language〉한국어〈/dc:language〉

① ㉠ － accessCondition
② ㉡ － author
③ ㉢ － physicalDescription
④ ㉣ － typeOfResource

19 ④ 특정자료종별과 자료의 수량은 형태사항을 기술한 것이다.

20 ① ㉠ title — titleInfo
② ㉡ creator — name
③ ㉢ date — originInfo

정답 및 해설 19.④ 20.④

1 다음 중 미국의회도서관분류법(LCC)의 주류 배열 순서에 따라 바르게 나열한 것은?

① Political Science → Education → Literature → Agriculture → Naval Science

② Political Science → Naval Science → Education → Literature → Bibliography

③ Geography → Language → Fine arts → Military Science → Law

④ Psychology → Language → Military Science → Music → Law

2 다음 중 국제표준도서번호(ISBN) 부여대상 자료로만 묶인 것은?

① 지도 – 점자자료 – 마이크로형태자료

② 인쇄된 도서 – 지도 – 전자게시판

③ 점자자료 – 지도 – 인쇄악보

④ 점자자료 – 마이크로형태자료 – 음악녹음자료

1 ① Political Science(J) → Education(L) → Literature(P) → Agriculture(S) → Naval Science(V)

※ LCC 주류의 구성

• A General works(총류)
• B Philosophy, Psychology, Religion(철학, 종교)
• C Auxiliary sciences of history(역사 보조학)
• D History (general) and history of Europe(일반역사 및 고대사)
• E-F America History(미국역사)
• G Geography, Anthropology, Recreation(지리학, 인류학, 민속학)
• H Social sciences(사회과학)
• J Political science(정치학)
• K Law(법학)
• L Education(교육학)
• M Music and books on music(음악)
• N Fine arts(예술)
• P Language and literature(언어학 및 문학)
• Q Science(과학)
• R Medicine(의학)
• S Agriculture(농학)
• T Technology(기술)
• U Military science(군사학)
• V Naval science(해군학)
• Z Bibliography, Library science, Information resources(general)(서지 및 도서관학)

2 국제표준도서번호(ISBN) 부여대상에서 제외되는 자료

㉠ 계속자료(연속간행물, 신문, 학술지, 잡지 등)
㉡ 추상적 분문으로 나열된 도서나 작품
㉢ 광고물, 전단지 등과 같이 수명이 짧은 인쇄자료
㉣ 인쇄악보
㉤ 표제지와 본문이 없는 화첩 및 아트폴더
㉥ 개인문서(전자이력서나 개인 신상자료)
㉦ 연하장, 인사장
㉧ 음악녹음자료
㉨ 교육용 이외의 목적으로 사용하기 위한 소프트웨어
㉩ 전자게시판
㉪ 전자우편과 전자서신
㉫ 게임
㉬ 동영상(인터넷 강의 등)

정답 및 해설 1.① 2.①

3 다음 표는 리재철의 「한글순도서기호법」〈제5표〉이다. 이에 따른 "이헌수 저, 한국교육의 이해"의 저자기호로 옳은 것은?

자음기호		모음기호			
		초성이 ㅊ이 아닌 글자		초성이 ㅊ인 글자	
ㄱ ㄲ	1	ㅏ	2	ㅏ(ㅐ ㅑ ㅒ)	2
ㄴ	19	ㅐ(ㅑ ㅒ)	3	ㅓ(ㅔ ㅕ ㅖ)	3
ㄷ ㄸ	2	ㅓ(ㅔ ㅕ ㅖ)	4	ㅗ(ㅘ ㅙ ㅚ ㅛ)	4
ㄹ	29	ㅗ(ㅘ ㅙ ㅚ ㅛ)	5	ㅜ(ㅝ ㅞ ㅟ ㅠ ㅡ ㅢ)	5
ㅁ	3	ㅜ(ㅝ ㅞ ㅟ)	6	ㅣ	6
ㅂ ㅃ	4	ㅡ(ㅢ)	7		
ㅅ ㅆ	5	ㅣ	8		
ㅇ	6				
ㅈ ㅉ	7				
ㅊ	8				
ㅋ	87				
ㅌ	88				
ㅍ	89				
ㅎ	9				

① 한9 ② 이68
③ 이94 ④ 한23

4 택소노미(taxonomy)와 폭소노미(folksonomy)에 대한 비교로 옳지 않은 것은?

	구분	택소노미	폭소노미
①	개발/참여자	권위를 가진 담당자	최종이용자
②	분류의 방식	하향식(top-down)	상향식(bottom-up), 양방향식
③	분류의 특징	협동적 분산 분류시스템	중앙집중적 분류시스템
④	참여자 수	소수	다수

5 동일한 분류번호에 속하는 저자들의 자료가 도서관에 다음 순서대로 입수되었다. 오른쪽의 〈Cutter－Sanborn 세 자리 저자기호표〉로 저자기호를 작성할 때 다음 ㈎~㈏에 각각 알맞은 저자기호는?

J. Campbell	(㈎)	Camp	186
A. Campbell	(㈏)	Campbell	187
K. Campbell	(㈐)	Campbell, H.	188
L. Campbell	(㈑)	Campbell, M.	189
N. Campbell	(㈒)	Campbell, S.	191
		Campbell, W.	192

	㈎	㈏	㈐	㈑	㈒
①	C187	C1865	C1875	C1877	C188
②	C187	C1875	C1877	C1878	C188
③	C188	C189	C1895	C1897	C191
④	C188	C187	C1885	C1887	C189

3 이＋ㅎ(9)＋ㅓ(4) → 이94

4 ③ 택소노미는 중앙집중적 분류시스템이고 폭소노미는 협동적 분산 분류시스템이다.

5 ㈎, ㈏, ㈒ : 성, 명 순으로 도치 후 선치 기호를 선택한다. → C188, C187, C189
㈐ : 성, 명 순으로 도치 후 선치 기호를 선택하면 C188로, ㈎와 중복되므로 5를 추가한다. → C1885
㈑ : 성, 명 순으로 도치 후 선치 기호를 선택하고, 기호 중복 자모순 적용 띄엄번호를 부여한다. → C1887

3.③ 4.③ 5.④

6 콜론분류법(CC)에 대한 설명으로 옳지 않은 것은?

① 암페르(A. M. Ampere)의 학문배열을 따르고 있어 역사학보다 수학이 먼저 배치되어 있다.

② 기본범주 중 주제를 형성하는 본질적인 속성은 [P], 소재는 [M], 기능은 [E]라는 패싯기호로 나타낸다.

③ 초판은 기본주제를 26개로 구성하고 4개의 보조표(공통 세목, 지역구분, 연대구분, 언어구분)를 두었으며 콜론기호(:)를 사용하였다.

④ 제2판부터 [P], [M], [E], [S], [T]를 기본범주로 채택하고 각 기본주제 아래에 패싯공식도 설정하였다.

7 듀이십진분류법(DDC) 제23판의 다음 예에 따를 경우, 해당 자료와 분류기호의 연결이 옳은 것은?

> 314–319 General statistics of specific continents, countries, localities in modern world
> Add to base number 31 notation 4–9 from Table 2, . . .

① 유럽의 일반통계자료 – 314   ② 아프리카의 일반통계자료 – 315

③ 북미의 일반통계자료 – 316   ④ 남미의 일반통계자료 – 317

8 한국십진분류법(KDC) 제6판의 다음 예에 따를 경우, "표제어가 스페인어인 스페인어–중국어사전"의 분류기호로 옳은 것은?

> 713.2–.9 2개국어사전
> 　　　2개국어사전은 표제어에 분류하고 해설어를 국어구분의 기호를 사용하여 부가한다.

① 763.2   ② 763.3

③ 773   ④ 773.2

9 한국십진분류법(KDC) 제6판과 듀이십진분류법(DDC) 제23판의 적용방법을 설명한 것으로 옳지 않은 것은?

① '090'의 경우 KDC는 '향토자료', DDC는 '필사본 및 희귀본'을 분류하고 있다.

② '개인전기'는 KDC와 DDC 모두 도서관에 따라 92 또는 'B' 등으로 간략하게 분류할 수 있다.

③ '중등학교 화학교육과정'의 경우, KDC와 DDC 모두 370(교육학)에서 세분한다.

④ '인사관리'나 '재무관리'의 경우, KDC는 300(사회과학), DDC는 600(기술과학)에서 세분한다.

---

6 ④ [P], [M], [E], [S], [T]를 기본범주로 채택한 것은 제2판이지만, 각 기본주제 아래에 패싯공식을 설정한 것은 제3판이다.

7 ② 아프리카의 일반통계자료 – 31<u>6</u>
③ 북미의 일반통계자료 – 31<u>7</u>
④ 남미의 일반통계자료 – 31<u>8</u>

8 언어(7) + 스페인(7) + 사전(3) + 중국어(2) → 773.2

9 • KDC : 도서관에 따라 개인전기는 99, B 등으로 간략하게 분류할 수 있다.
• DDC : Class individual biography in 92 or B

정답 및 해설 6.④ 7.① 8.④ 9.②

10 다음은 듀이십진분류법(DDC) 제23판의 일부이다. 이를 참고하여 다음 주제를 분류할 때 알맞은 분류기호는?

분류 주제 : Canning red meat

641.4　Food preservation and storage

.41　Preliminary treatment

.42　Canning

.44　Drying and dehydrating

.45　Low-temperature techniques

.452 Cold storage

.453 Deep freezing

.46　Pickling, brining, smoking

.462 Pickling

.48　Storage

.49　Meat

.492 Red meat

　　　Add to base number 641.492 the numbers following 641.4 in 641.41-641.46

---

① 641.42

② 641.492

③ 641.4922

④ 641.49242

11 다음 자료의 기본목록을 한국문헌자동화목록(KORMSRC, 2014년도 개정판) 형식에 따라 목록 레코드를 기술한 것으로 옳지 않은 것은? (단, 지시기호 및 띄어쓰기는 제외한다.)

[표제면]	[판권지]
서양음악의 이해 단번에 기억하는 서양음악사 안나 허쉬 지음 허안나 옮김 길음사	1. 고대부터 중세까지 2. 르네상스부터 현대까지 서양음악의 이해(각권 ₩20,000) 초판 인쇄/2011년 2월 20일 초판 발행/2011년 2월 25일 지은이 / 안나 허쉬 옮긴이 / 허안나 발행인 / 홍길동 인쇄처 / 닮음인쇄소 발행처 / 길음사 주소 / 서울특별시 중구 홍제동 ISBN 11-123-4567-1(1) ISBN 11-123-4568-8(2)

① 020 ▼a1112345671 : ▼c₩20000

② 245 ▼a서양음악의 이해 : 단번에 기억하는 서양음악사 / ▼d안나 허쉬 지음 : ▼e허안나 옮김

③ 260 ▼a서울 : ▼b길음사, ▼c2011

④ 505 ▼a1. 고대부터 중세까지 -- 2. 르네상스부터 현대까지

---

10 Red meat(641.492)+Canning(~~641.42~~)=641.4922

11 ② 245 ▼a서양음악의 이해 : <u>▼b</u>단번에 기억하는 서양음악사 / ▼d안나 허쉬 지음 <u>:</u> ▼e허안나 옮김

12 한국문헌자동화목록(KORMAC) 서지레코드 구성요소 중 리더(Leader)에 대한 설명으로 옳지 않은 것은?

① 레코드 처리를 위한 정보를 제공하는 데이터 요소이다.

② 데이터 요소는 숫자 또는 부호값을 나타내며 자릿수에 의해 구분된다.

③ 리더는 24개의 자리로 고정되어 있으며 KORMARC 레코드의 첫 번째 필드이다.

④ 한 레코드에서 각 가변길이 필드의 표시기호, 필드길이, 필드 시작 위치를 나타내는 일련의 항목이다.

13 AACR2R을 기준으로 표목을 선정할 경우 개인명이 기본 표목이 되는 경우에 대한 설명으로 옳은 것은?

① 대표저자가 없는 3인까지의 공저서는 먼저 기술된 저자를 기본표목으로 한다.

② 개작이나 각색을 한 도서는 원저자를 기본표목으로 한다.

③ 주석이나 해석이 강조된 도서는 원저자를 기본표목으로 한다.

④ 번역도서인 경우에는 번역자를 기본표목으로 한다.

14 다음은 "헤밍웨이가 지은 미국 소설 노인과 바다"의 한국문헌 자동화목록(KORMARC) 데이터 이다. ㈎~㈐에 각각 들어갈 표시기호(Tag)로 옳은 것은? (단, 띄어쓰기는 제외한다.)

㈎	▼a843.5 ▼25
082 01	▼a813.54 ▼221
245 00	▼a노인과 바다 / ▼d어니스트 헤밍웨이 지음 ; ▼e장경렬 옮김
㈏ 19	▼aOld man and the sea
300	▼a197 p. : ▼b천연색삽화 ; ▼c22 cm
㈐	▼a원저자명 : Ernest Hemingway

	㈎	㈏	㈐
①	052	246	500
②	052	248	505
③	056	246	500
④	056	248	505

15 다음은 "서명 : 주홍 글씨 ; 저자 : N. 호돈 지음 ; 차영은 옮김 ; 발행처 : 육문사 ; 발행연도 : 1995"
의 한국문헌자동화목록(KORMARC) 데이터이다. 밑줄 친 부분 중 옳지 않은 것은? (단, 띄어
쓰기는 제외한다.)

<보기>

245 00	▼a주홍 글씨/ ▼d N. 호돈 지음 ; ▼e차영은 옮김
260	▼a서울 : ▼b육문사, ▼c1995
300	▼a272 p. ; ▼c23 cm
700 1	▼aNathaniel Hawthorne, ▼d1804-1864 ▼0KAC199611832
700 1	▼a차영은, ▼e옮김

① ▼a주홍 글씨/ ▼d

② 260 ▼a서울 : ▼b육문사, ▼c1995

③ ▼aNathaniel Hawthorne, ▼d1804-1864

④ 700 1 ▼a차영은

---

12 ④ 디렉토리에 대한 설명이다.

13 ② 개작이나 각색을 한 도서는 개작자나 각색자를 기본표목으로 한다.
③ 주석이나 해석이 강조된 도서는 주석자나 해석자를 기본표목으로 한다.
④ 번역도서인 경우에는 원저자를 기본표목으로 한다.

14 • 056 한국십진분류기호(KDC)
• 246 여러 형태의 표제
• 500 일반주기

15 ③ 성, 이름 순으로 표기한다. 따라서 ▼aHawthorne, Nathaniel, ▼d1804-1864

정답 및 해설 12.④ 13.① 14.③ 15.③

16 한국문헌자동화목록(KORMARC)에서 국제표준도서번호(ISBN)를 나타내는 필드는?

① 012
② 020
③ 044
④ 056

17 다음 중 더블린 코어(Dublin Core)의 기본 요소가 아닌 것은?

① Description
② Format
③ Rights
④ Organization

18 다음 자료에 기재된 발행사항을 한국목록규칙(KCR) 제4판에 따라 기술하고자 한다. 바르게 기술한 것은?

발행지 : 황성
발행처 : 靑丘文化社刊行
발행년 : 檀紀四二八九년 二月八日發行

① 황성[서울] : 靑丘文化社, 檀紀4289[1956]
② 서울특별시 : 靑丘, 檀紀4289[1956년]
③ 황성 : 靑丘文化社刊行, 1956
④ 서울 : 靑丘文化社판(版), 檀紀4289(1956)

16 ② 020 국제표준도서번호(ISBN)

ⓘ 012 국립중앙도서관 제어번호

③ 044 발행/제작국명 부호

④ 056 한국십진분류기호

17 더블린 코어의 기본 요소

ⓐ **콘텐츠 기술요소** : Title(표제), Subject(주제), Description(요약정보), Source(정보원), Language(언어), Relation(관련자원), Coverage(내용범위)

ⓑ **지적 속성요소** : Creator(생성자), Publisher(발행처), Contributor(기여자), Rights(이용조건)

ⓒ **물리적 기술요소** : Date(날짜), Type(자료유형), Format(파일형식), Identifier(식별자)

18 • 발행지 : 발행지명은 그 자료에 쓰인 문자나 철자, 문법적 격이나 활용형을 그대로 기재하고 식별상 필요한 경우에는 현재 통용되는 다른 이름을 각괄호로 묶어 보기한다. → 황성[서울]

• 발행처 : 발행처의 역할어 중 '발행', '출판', '간행', 'published by' 등의 어구는 '배포', '보급', '인쇄' 등 그의 기능을 달리하는 것과 짝을 이룰 때만 기재하고 그 밖의 경우는 그의 기재를 생략한다. → 靑丘文化社

• 발행년 : 서력기년이 아닌 기년도 그대로 기재하고 이 기년을 서력으로 환산한 햇수를 발행년 다음의 각괄호 안에 기재하되, '年年'이란 날짜의 단위어와 서기의 연호는 그의 기재를 생략하고 그 밖의 연호는 있는 그대로 기술한다. → 檀紀4289[1956]

정답 및 해설 16.② 17.④ 18.①

19 FRBR(Functional Requirements for Bibliographic Records)의 개념과 구조에 따를 경우, 다음 밑줄 친 부분은 어떤 개체(entity)에 해당하는가?

- Hamlet / by W. Shakespeare
- Hamlet / published by W. Shakespeare
- 햄릿 / 김종환 역(해당번역 전체)
- <u>햄릿 / 김종환 역, 대구 : 태일사, 1999(출판된 해당책 전체)</u>
- K대에 소장된 햄릿 / 김종환 역, 대구 : 태일사, 1999(해당 책의 낱권)
- 햄릿 공연 DVD(햄릿 / 김종환 역, 대구 : 태일사, 1999를 기반으로 함)

① expression   ② manifestation
③ presentation   ④ work

20 다음은 MODS(Metadata Object Description Schema)에 대한 설명이다. 옳은 것을 모두 고르면?

㉠ MARC, DC(Dublin Core) 등을 절충하여 상호운용성과 정밀성을 모두 만족시킨 서지정보 표준 메타데이터이다.
㉡ 다양한 정보는 물론 웹사이트에 수록된 공개 자료와 전자 매체까지 표현이 가능한 메타데이터 표준이다.
㉢ 확장 가능하도록 비구조화된 메타데이터 세트이므로 별도의 메타데이터 요소를 정의할 필요가 있다.
㉣ MARC 필드의 일부분을 포함하고, 언어형식의 태그를 사용한다.

① ㉠, ㉡, ㉢   ② ㉠, ㉡, ㉣
③ ㉠, ㉢, ㉣   ④ ㉠, ㉡, ㉢, ㉣

19 FRBR 제1집단

ㄱ **저작(work)** : 독창성을 지닌 지적 · 예술적 창작물, 언어나 음성으로 표현되기 전의 상태

ㄴ **표현형(expression)** : 저작을 지적 · 예술적으로 실현한 것으로 영화시나리오 등을 말함

ㄷ **구현형(manifestation)** : 물리적 형태를 반영, 원고, 도서, 연속간행물, 지도, 영화 등

ㄹ **개별자료(item)** : 구현형의 하나를 의미

20 ㄷ 확장 가능하도록 구조화된 메타데이터 세트이므로 별도의 메타데이터 요소를 정의할 필요가 없다.

ㄹ **개별자료(item)** : 구현형의 하나를 의미

정답 및 해설 19.② 20.②

1 다음은 KDC 제6판 본표의 일부를 발췌한 것이다. 이를 이용하여 분류한 내용으로 옳지 않은 것은?

078 특정주제의 신문
001-999와 같이 주제구분한다.
별법 : 도서관에 따라 해당주제 아래에 분류할 수 있다.

① 기독교신문 078.23
② 교육신문 078.37
③ 서예신문 078.65
④ 농업신문 078.52

2 도서기호법에 대한 설명으로 옳은 것은?

① 도서기호는 동일한 분류기호 내에서 각 도서를 개별화할 목적으로 부가하는 기호이며, 일반적으로 저자기호와 저작기호로 구성된다.
② 수입순 기호법은 수입순 또는 등록순으로 일련번호를 부여하는 방식이며, 국내에서는 특히 서양서를 대상으로 많이 활용된다.
③ 연대순 기호법은 기호부여가 간편하고 배가작업이 편리하지만, 동일주제의 최신자료를 군집하는데 어려움이 있다.
④ 저자기호법은 학문 및 지식의 발전과정을 체계적으로 브라우징할 수 있고, 도서기호법 중 국내 도서관에서의 채택률이 가장 높다.

3 다음은 DDC 제23판의 분류과정을 예시한 것이다. 밑줄 친 ㉠과 ㉡에 해당하는 보조표를 바르게 연결한 것은?

Child psychology for parents
→ 155.4(child psychology) + ㉠<u>-085</u>(parents) = 155.4085
French folk music
→ 781.62(folk music) + ㉡<u>-41</u>(French) = 781.6241

	㉠	㉡
①	Table 1	Table 5
②	Table 1	Table 6
③	Table 5	Table 5
④	Table 5	Table 6

1 ③ 서예신문 078 + 64θ(서예) = 078.64

2 ② 서양서에는 커터-샌본 저자기호표를 많이 적용하는데, 커터-샌본 저자기호법은 열거식 저자기호법이다.
③ 연대순 기호법은 기호부여가 간편하고 배가작업이 편리하며 동일주제의 최신자료를 군집하는데 용이하다.
④ 저자기호법은 도서기호법 중 국내 도서관에서의 채택률이 가장 높지만, 학문 및 지식의 발전과정을 체계적으로 브라우징할 수는 없다.

3 ㉠ 보조표 중 -0으로 시작하는 기호는 표준세구분 Table 1뿐이다.
㉡ folk music은 민속음악으로 민족, 종족, 국가구분의 Table 5를 적용한다.

<u>정답 및 해설</u> 1.③ 2.① 3.①

4 한국목록규칙 제4판(KCR4)의 표제와 책임표시사항에 대한 기술총칙 내용으로 옳지 않은 것은?

① 본표제는 해당 자료의 으뜸정보원에 기재된 형식 그대로 기재하되, 표제의 일부분이 '두줄쓰기'로 되어 있는 것은 '한줄쓰기'로 고쳐 쓴다.

② 종합표제나 대표표제가 기재된 자료에서는 이 종합표제나 대표표제를 본표제로 기재하고, 수록된 각 저작의 표제는 주기한다.

③ 자료의 으뜸정보원 이외의 다른 부분에서 취한 책임표시는 각괄호([ ]) 속에 기재하고, 그 자료 이외의 정보원에서 얻은 책임표시는 주기사항에 기재한다.

④ 본표제나 표제관련정보에 포함된 저작자명은 책임표시에 다시 기재하지 않는다.

5 RDA(Resource Description and Access)의 내용유형에 해당하는 것으로만 묶은 것은?

① 오디오(audio), 비디오카세트(videocassette)

② 오디오(audio), 컴퓨터디스크(computer disc), 정지화상(still image)

③ 악보(notated music), 텍스트(text), 정지화상(still image)

④ 악보(notated music), 컴퓨터디스크(computer disc)

6 다음은 KORMARC 형식(통합서지용)으로 작성한 데이터의 일부이다. ㉠~㉣에 들어갈 주제명 부출표목의 표시기호로 옳은 것은? (단, 지시기호와 띄어쓰기는 적용하지 않음)

```
( ㉠ ) ▼a불전. ▼p화엄경 ▼x해석
( ㉡ ) ▼a한국 ▼x정치
( ㉢ ) ▼a한국방송공사 ▼x역사
( ㉣ ) ▼a베이직(컴퓨터 프로그램 언어)
```

① ㉠ − 630

② ㉡ − 611

③ ㉢ − 651

④ ㉣ − 610

4 ④ 본표제나 표제관련정보에 포함된 저작자명도 책임표시에 다시 기재한다.

5 ① 오디오 − 매체유형, 비디오카세트 − 수록매체유형
② 오디오 − 매체유형, 컴퓨터디스크 − 수록매체유형, 정지화상 − 내용유형
④ 악보 − 내용유형, 컴퓨터디스크 − 수록매체유형
※ RDA 자원유형
   ㉠ **내용유형**(content type) : 자원이 표현된 내용과 지각을 통해 내용을 인지하는 커뮤니케이션 형식을 반영
      (화상형식의 경우 내용의 공간적 차원과 움직임 유무를 포함)
   ㉡ **매체유형**(media type) : 자원의 감상, 재생, 운영 등에 필요한 중개 장치의 유형을 반영
   ㉢ **수록매체유형**(carrier type) : 매체유형과 결합하여 저장매체와 수록형식을 반영

6 ㉠ − 630 : 통일표제
   ㉡ − 651 : 지명
   ㉢ − 610 : 단체명
   ㉣ − 650 : 일반주제명

정답 및 해설 4.④ 5.③ 6.①

7 다음은 DDC 제23판과 KDC 제6판의 지역구분 내용의 일부이다. 해당 기호와 내용을 바르게 연결한 것만을 모두 고른 것은?

기호		DDC 제23판(T2)	KDC 제6판(지역구분표)
㉠	-2	Biography	유럽
㉡	-3	Ancient world	아프리카
㉢	-5	Asia	남아메리카
㉣	-7	North America	오세아니아, 양극지방
㉤	-9	Australasia	해양

① ㉠, ㉡, ㉢
② ㉠, ㉢, ㉣
③ ㉡, ㉣, ㉤
④ ㉢, ㉣, ㉤

8 목록의 접근점에 대한 설명으로 옳지 않은 것은?

① 접근점은 서지적 기술사항을 검색하기 위한 요소를 의미하며, 전통적인 목록에서는 표목이라는 용어를 사용하였다.

② 한국목록규칙 제4판에서는 표목대신 접근점이란 용어를 사용하였고, 통일표목을 적용하지 않았다.

③ RDA에서 접근점은 특정 저작이나 표현형, 개인, 가족, 단체 등을 나타내는 이름, 용어, 부호 등을 말하며, 전거형 접근점과 이형 접근점으로 구분한다.

④ 국제목록원칙규범은 서지레코드의 필수 접근점으로 구현형의 본표제, 기술된 개체의 표준번호, 총서의 전거형 접근점, 서지레코드 식별기호 등을 포함한다.

9 KDC 제6판의 별법 또는 양자택일 규정을 적용한 내용으로 옳은 것만을 모두 고른 것은?

㉠ 교육법 : 368.037 또는 370.23
㉡ 정치인의 전기 : 340.99 또는 998.34
㉢ 법학 서지 : 016.36 또는 360.16
㉣ 불교신문 : 078.22 또는 220.5

① ㉠, ㉡
② ㉢, ㉣
③ ㉠, ㉡, ㉣
④ ㉠, ㉡, ㉢, ㉣

10 KDC 제6판의 개정 사항에 대한 설명으로 옳지 않은 것은?

① 380 '풍속, 예절, 민속학'의 표목은 '풍습, 예절, 민속학'으로 수정되었다.

② 519.82 '포제학'의 표목은 '약재의 선별, 가공'으로 변경되었다.

③ '오락 및 경기 윤리' 196 아래에 카지노, 경마, 경륜, 복권 등을 포함하고 있는 '사행산업윤리' 196.5를 신설하였다.

④ 739.66에 전개되었던 '라플란드어'를 739.64 '핀란드어'에 통합하였고, 792.52의 표목을 '범어 (梵語)'에서 '산스크리트어(범어 梵語)'로 변경하였다.

7 지역구분

기호	DDC 제23판(T2)	KDC 제6판(지역구분표)
−1	Areas, regions, places in general	아시아
−2	Biography	유럽
−3	Ancient world	아프리카
−4	Europe	북아메리카
−5	Asia	남아메리카
−6	Africa	오세아니아, 양극지방
−7	North America	지역구분 일반
−8	South America	해양
−9	Australasia	

8 ④ 총서의 전거형 접근점, 서지레코드 식별기호는 부차적 접근점에 해당한다.

9 ⓒ 법학 서지 : 016.36 또는 360.26
- 016 + 36θ(법학) = 016.36
- 360 + −026(서지) = 360.26

10 ② 519.82 '약재의 선별, 가공'의 표목은 '포제학'으로 변경되었다.

정답 및 해설 7.① 8.④ 9.③ 10.②

11 분류표와 분류기호에 대한 설명으로 옳은 것만을 모두 고른 것은?

> ㉠ 분류기호는 지식의 발전에 따라 새로운 주제를 적절한 위치에 삽입할 수 있도록 신축성(flexibility)을 가져야 한다.
> ㉡ 십진식 분류법은 기호를 통해 주제의 상하관계를 나타내기가 쉽고, 주제의 논리적 배열도 용이하다.
> ㉢ 열거식 분류표에 비해 분석합성식 분류표는 동일한 개념에 대해 동일한 기호를 부여하는 조기성 도입이 용이하나, 분류표의 부피는 방대해질 수 있다.

① ㉠   ② ㉠, ㉡
③ ㉡, ㉢   ④ ㉠, ㉡, ㉢

12 주제명목록과 비교할 때, 분류목록(classified catalog)이 갖는 특성으로 옳은 것만을 모두 고른 것은?

> ㉠ 목록의 배열이 이론적이고 체계적이다.
> ㉡ 목록에서 관련된 주제가 집중된다.
> ㉢ 다른 목록들과 통합하여 사전체목록으로 편성할 수 있다.
> ㉣ 목록을 배열하거나 이용할 때 언어의 장벽을 감소시킬 수 있다.

① ㉠, ㉢   ② ㉡, ㉣
③ ㉠, ㉡, ㉣   ④ ㉠, ㉡, ㉢, ㉣

13 다음은 리재철 저자기호표 제5표이다. 이를 적용하여 작성한 도서기호로 옳은 것은?

자음기호		모음기호			
		초성이 'ㅊ'이 아닌 글자		초성이 'ㅊ'인 글자	
ㄱ ㄲ	1	ㅏ	2	ㅏ(ㅐ ㅑ ㅒ)	2
ㄴ	19	ㅐ(ㅑ ㅒ)	3	ㅓ(ㅔ ㅕ ㅖ)	3
ㄷ ㄸ	2	ㅓ(ㅔ ㅕ ㅖ)	4	ㅗ(ㅘ ㅙ ㅚ ㅛ)	4
ㄹ	29	ㅗ(ㅘ ㅙ ㅚ ㅛ)	5	ㅜ(ㅝ ㅞ ㅟ ㅠ ㅡ ㅢ)	5
ㅁ	3	ㅜ(ㅝ ㅞ ㅟ ㅠ)	6	ㅣ	6
ㅂ ㅃ	4	ㅡ(ㅢ)	7		
ㅅ ㅆ	5	ㅣ	8		
ㅇ	6				
ㅈ ㅉ	7				
ㅊ	8				
ㅋ	87				
ㅌ	88				
ㅍ	89				
ㅎ	9				

① 우리들의 일그러진 초상 / 이청춘 지음 – 이84우

② 이순신의 생애 / 추윤발 지음 – 이56이

③ 나만의 세계 / 성규리 지음 – 성16나

④ 정치학의 이해 / 잭, 헨리 지음 – 잭,94저

---

14 KDC 제6판과 DDC 제23판의 분류번호가 동일한 의미를 갖는 것끼리 연결된 것은?

① KDC 320 – DDC 340
② KDC 510 – DDC 630
③ KDC 740 – DDC 420
④ KDC 860 – DDC 830

15 한국목록규칙 제4판(KCR4)의 연속간행물 기술에 대한 내용으로 옳지 않은 것은?

① 기술의 정보원은 창간호를 기준으로 하되, 창간호의 정보를 알 수 없는 경우에는 입수된 첫 호의 정보원에 의한다.
② 간행 중 판표시가 변경된 때에는 새로운 저록(레코드)을 작성하고, 변경전후의 판표시는 각각 주기사항에 기술한다.
③ 간행빈도를 나타내는 어구가 표제의 활자와 같은 크기로 표제에 나타나 있으면, 간행빈도를 포함하여 본표제로 기술한다.
④ 축약형과 완전형의 표제가 함께 기재되어 있는 경우에는 완전형을 본표제로 기술한다.

16 다음은 '종합표제 없이 4개 작품을 수록하고 있는 단일 저자의 합집' 표제면이다. 한국목록규칙 제4판(KCR4)과 KORMARC 형식(통합서지용)으로 작성했을 때, 245 필드의 기술이 옳은 것은? (단, 지시기호와 띄어쓰기는 적용하지 않음)

〈표제면〉
위대한 유산
크리스마스 캐럴
두 도시 이야기
올리버 트위스트

찰스 디킨스 지음/이기석 옮김

① 245 ▼a위대한 유산 / ▼d찰스 디킨스 지음 ; ▼e이기석 옮김 … [외]
② 245 ▼a위대한 유산 / ▼d찰스 디킨스 지음 ; ▼e이기석 옮김. [외]
③ 245 ▼a위대한 유산 … [외] / ▼d찰스 디킨스 지음 ; ▼e이기석 옮김
④ 245 ▼a위대한 유산 [외] / ▼d찰스 디킨스 지음 ; ▼e이기석 옮김

---

14 ③ KDC 740(영어) − DDC 420(영어)
① KDC 320(경제학) − DDC 340(법학)
② KDC 510(의학) − DDC 630(농학)
④ KDC 860(프랑스문학) − DDC 830(독일문학)

15 ④ 축약형과 완전형의 표제가 함께 기재되어 있는 경우에는 활자의 크기나 기재 순서에 따라 더 분명하게 기재된 표제를 본표제로 기술하고, 본표제로 기술되지 않은 표제는 표제관련정보로 기술한다.

16 종합표제 없으므로 〈표제면〉에 가장 먼저 기술된 '위대한 유산 [외]'로 기술하며 단일 저자이므로 '찰스 디킨스 지음'으로 기술하고 역할이 다른 옮긴이를 기술한다. 지시기호와 띄어쓰기는 적용하지 않으므로 245 필드의 기술은 ④와 같다.

정답 및 해설 14.③ 15.④ 16.④

17 다음은 KORMARC 형식(통합서지용)의 전거레코드 작성 예시이다. ㉠과 ㉡에 들어갈 표시기호를 바르게 연결한 것은? (단, 지시기호와 띄어쓰기는 적용하지 않음)

• 현재 기관명 : 교육부
• 영문 기관명 : Ministry of Education
• 이전 기관명 : 교육인적자원부
• 이전 기관명 : 문교부

→

110	▼a교육부
[㉠]	▼aMinistry of Education
[㉡]	▼a교육인적자원부
[㉡]	▼a문교부

	㉠	㉡
①	410	610
②	410	510
③	610	710
④	510	710

18 다음은 KDC 제6판 본표와 보조표의 일부를 발췌한 것이다. 이를 이용하여 '전라도 요리'를 분류한 기호로 옳은 것은?

	594.5 요리(조리법) Cookery 특정음식점의 요리비결법에 관한 것은 여기에 분류한다. .51 한국요리 Korean cookery .519 한국지역 요리 지역구분표 −11에 따라 세분한다.
지역 구분표	−119 전라도

① 594.5119   ② 594.51119

③ 594.5199   ④ 594.519119

19 한국목록규칙 제4판(KCR4)의 총서에 대한 기술총칙으로 옳지 않은 것은?

① 총서의 권차를 표현한 단위어는 그 자료에 표시된 문자와 용어 그대로 기재하되, 가급적 약어화한다.

② 총서 중에서 수 개를 차지하는 저작으로 그 권호가 띄엄번호일 경우, 해당번호 중 최초의 번호와 최후의 번호를 '짧은 붙임표(-)'로 연결하여 기술한다.

③ 하위총서가 편, 계, 보유 성격의 차서를 포함하고 있는 것은 하위총서 표제 앞에 이를 기술한다.

④ 하위총서의 대등표제, 표제관련정보, 책임표시에 대해서는 그의 기재를 원칙적으로 생략하되, 식별상 필요한 경우에는 본총서의 기술방법에 준하여 기술한다.

---

17 ㉠ 영문 기관명 → 이형
㉡ 이전 기관명 → 과거 전거형(도보라 참조 적용)

18 전라도 요리 : 594.519 + ─╫9 = 594.5199

19 ② 총서 중에서 수 개를 차지하는 저작으로 그 권호가 연속번호일 경우, 해당번호 중 최초의 번호와 최후의 번호를 '짧은 붙임표(-)'로 연결하여 기술한다. 띄엄번호일 경우 해당번호를 모두 다 기술한다.

정답 및 해설 17.② 18.③ 19.②

20 다음은 KORMARC 형식(통합서지용)으로 작성한 레코드의 일부이다. 밑줄 친 연관저록 표시기호의 사용으로 옳지 않은 것은? (단, 지시기호와 띄어쓰기는 적용하지 않음)

ㄱ 번역서와 원저 관계

245 00 ▼a인간의 굴레 / ▼d서머셋 모옴

<u>765</u> 0 ▼aMaugham, William Somerset. ▼tOf human bondage, ▼z0877790105

ㄴ 저작의 보유판 또는 특별호 관계

245 00 ▼a신동아

<u>772</u> 0 ▼t현대 한국의 명저 100권, ▼z97911879680XX

ㄷ 물리적 형태가 다른 저작 관계

245 00 ▼aCollege English ▼h[microform]

<u>776</u> 1 ▼tCollege English ▼x0010-0994

ㄹ 해당 자료와 직접적인 관련이 있는 선행자료 관계

245 00 ▼a문헌정보학개론 / ▼d정필모

<u>780</u> 02 ▼t도서관학개론

---

① ㄱ의 765필드
② ㄴ의 772필드
③ ㄷ의 776필드
④ ㄹ의 780필드

20 ② 772는 모체레코드저록[반복]이다. 보유판 및 특별호 저록[반복]은 770을 사용한다.

1 한국목록규칙(KCR) 제4판에서 새로이 사용한 용어만 모아 놓은 것은?

① 삽화, 본표제, 구득조건사항

② 접근점, 책임표시, 특정자료종별

③ 삽도, 대등표제, 저자표시

④ 삽도, 표제관련정보, 구득조건사항

2 다음 중 국제십진분류법(UDC)에서 채택하고 있는 분류 기호의 일반적인 조합 순서를 올바르게 나열한 것은?

① 관점 – 시대 – 지리 – 형식 – 언어

② 언어 – 관점 – 지리 – 시대 – 형식

③ 관점 – 지리 – 시대 – 형식 – 언어

④ 지리 – 시대 – 관점 – 언어 – 형식

3 한국십진분류법(KDC) 제6판은 특정 항목에 분류되는 자료가 많을 경우를 대비하여, 주제의 자모순으로 저작을 세분할 수 있는 별법을 도입하고 있다. 이러한 별법이 적용된 항목이 아닌 것은?

① 004.12 대형컴퓨터

② 004.66 컴퓨터바이러스

③ 005.133 프로그래밍언어

④ 005.44 컴퓨터운영체제

4 다음 중 분류법에 대한 설명으로 가장 옳은 것은?

① 해리스(W.T. Harris)의 분류법은 도서를 서가에 주제순으로 배열하기 위해 숫자를 사용하여 100구분하고, 각유의 세목은 알파벳 대문자 1자를 부가하였다.

② 브리스(H.E. Bliss)의 서지분류법(Bibliographic Classification)은 5개의 공통패싯을 이용한 분석합성식 원리를 수용하여 이후 콜론분류법(Colon Classification)의 탄생에 영향을 미쳤다.

③ 카터(C.A. Cutter)의 전개분류법(Expansive Classification)은 모든 지식을 주제의 진화순서로 배치하였으며, 총 5개의 독립적인 표로 구성하여 장서 수가 많은 도서관일수록 상세한 분류표를 선택할 수 있도록 하였다.

④ 브라운(J.D. Brown)의 주제분류법(Subject Classification)은 자연과학보다 사회과학을 상위에 배정하였으며, 알파벳 대문자와 아라비아 숫자를 사용한 혼합기호법을 채택하였다.

---

1 KCR4는 표목 대신 '접근점'이라는 용어를 사용하였으며 '책임표시', '특정자료종별'을 새로이 사용하였다.

2 국제십진분류법(UDC) 분류기호의 조합 및 배열
ㄱ 하나의 주분류에 여러 개의 보조분류가 추가될 경우에는 관점 – 지리 – 시대 – 형식 – 언어순으로 채택한다.
ㄴ 동일 개념에 둘 이상의 특수보조분류가 추가될 경우는 적용범위가 좁은 쪽을 우선으로 채택한다.

3 004.12 대형컴퓨터 항목은 분류되는 자료가 많아 주제의 자모순으로 저작을 세분할 수 있는 별법을 도입하는 항목이 아니다.

4 ① 해리스의 분류법은 도서를 서가에 주제순으로 배열하기 위해 숫자를 사용하여 100으로 구분하고, 각 유의 세목은 알파벳 소문자 1자를, 세세목은 원괄호와 아라비아 숫자를 부가하였다.
③ 카터의 전개분류법은 모든 지식을 주제의 진화순서로 배치하였으며, 총 7개의 표로 구성되어 있으나 제7표는 미완성인 상태로 남아 있다.
④ 브라운의 주제분류법은 사회과학보다 자연과학을 상위에 설정하였으며, 알파벳 대문자의 한 자를 채택하고 각 주류는 문자 다음에 000-999의 세 숫자를 이용하여 세분한다.

정답 및 해설 1.② 2.③ 3.① 4.②

5 다음 중 듀이십진분류법(DDC) 제23판의 보조표에 대한 설명으로 옳은 것을 모두 고르면?

> ㉠ 자료의 주제가 본표에서 독자적인 분류기호를 가지지 못하거나 포함주의 형태인 경우, T1과 조합할 수 없다.
>
> ㉡ 본표에 T2를 조합하도록 지시하는 주기가 없는 경우에는 조합하지 않는 것이 원칙이지만, 이용자 입장에서 지역구 분할 필요가 있으면 T1의 '-09'를 수반하여 전개할 수 있다.
>
> ㉢ T3은 문학류(800) 전체, 예술류(700)의 일부와 조합할 수 있다.
>
> ㉣ T4는 언어류(400)에만 조합할 수 있다.

① ㉠, ㉡　　　　　　　　　　　② ㉡, ㉢

③ ㉠, ㉡, ㉢　　　　　　　　　④ ㉠, ㉡, ㉢, ㉣

6 랑가나단(Ranganathan)은 분류작업을 3단계로 나누어 설명한 바 있다. 랑가나단이 구분한 분류작업의 3단계에 해당되지 않는 것은?

① 색인 단계(indexing plane)

② 아이디어 단계(idea plane)

③ 언어 단계(verbal plane)

④ 기호 단계(notational plane)

7 한국문헌자동화목록(KORMARC) 통합서지용 형식에서는 다양한 형태의 필드를 제공하고 있다. 이와 관련한 설명으로 가장 옳지 않은 것은?

① 490 필드는 총서표제를 위한 총서사항을 기술하지만, 총서부출표목의 역할을 하지는 않는다.

② 336 필드는 어떤 저작이 표현된 내용의 형식을 나타낸다. 자원의 일반적인 내용유형을 나타내는 리더/08(제어유형)과 함께 사용된다.

③ 321 필드는 해당 자료의 이전 간행빈도를 기술한다. 이필드는 310 필드에 현재 간행빈도가 기술되어 있는 경우에만 적용한다.

④ 785 필드는 해당 자료의 직접적인 후속자료가 있는 경우, 그 자료에 관한 사항을 기술한다. 둘 이상의 후속자료가 있는 경우에는 785 필드를 반복해서 사용한다.

8 MODS(Metadata Object Description Schema)의 상위요소 중 하나인 "physicalDescription''은 DC(Dublin Core)의 어느 요소에 해당하는가?

① Type
② Rights
③ Description
④ Format

---

5 ㉠~㉣ 모두 옳은 설명이다.

6 랑가나단의 분석합성식 분류 3단계
㉠ 아이디어 단계 : 주제를 분석하여 구조를 설계하고 관계와 순서를 정한다.
㉡ 언어 단계 : 주제에 명칭을 붙여 표준화한다.
㉢ 기호 단계 : 주제와 용어를 기호로 변환한다.

7 ② 336 내용유형(Content Type) 필드는 어떤 저작이 표현된 내용의 형식을 나타낸다. 자원의 일반적인 내용유형을 나타내는 리더/06(레코드 유형)과 함께 사용된다. 내용유형 및 좀 더 구체적인 내용유형은 정보원의 용어리스트를 참조하여 336 필드에 표현할 수 있다. 용어나 부호표를 동일한 정보원을 참조하여 복수의 내용유형을 기술할 경우에는 식별기호 ▼a(내용유형 용어), ▼b(내용유형 부호)를 반복하여 기술한다. 서로 다른 정보원의 어휘를 참조하여 기술할 경우에는 필드를 반복하여 기술한다.

8 MODS와 DC의 비교

MODS	DC	MODS	DC
titleInfo	Title	targetAudience	Audience
name	Creator	subject, classification	Subject
	Contributor	relatedItem	Relation
typeOfResource	Type	identifier	Identifier
originInfo	Publisher	accessCondition	Right
	Date	genre	
language	Language	location	
physicalDescription	Format	part	
abstract, tableOfContents, note	Description	extention	
		recordInfo	

9 다음 중 한국의 목록규칙에 대한 설명으로 옳은 것을 모두 고르면?

○ 박봉석의 동서편목규칙은 동양서를 대상으로 하고 있으며 전통적 기술방식인 서명기본
  저록을 기반으로 하였다.
○ 한은도서편목법은 동양서와 서양서 공용이며 저자명기본 저록방식을 채택하였다.
○ KCR 초판은 국제표준인 ISBD의 기술방식을 도입하여 서지기술의 표준화를 기하였다.
○ KCR 제3판은 동양서와 서양서 공용의 목록규칙으로서 서지기술단위저록방식을 수용하
  였다.

---

① ㉠, ㉡   ② ㉠, ㉢
③ ㉠, ㉡, ㉣   ④ ㉠, ㉡, ㉢, ㉣

10 한국문헌자동화목록(KORMARC) 통합서지용에서 채용하고 있는 국제표준코드 가운데 024 기
타 표준부호에 기술하는 필드를 모두 고르면?

㉠ UPC – 세계상품부호
㉡ ISMN – 국제표준악보번호
㉢ ISRC – 국제표준녹음자료부호
㉣ STRN – 표준기술보고서번호
㉤ 형태를 알 수 없는 표준부호

---

① ㉠, ㉡, ㉢, ㉤   ② ㉠, ㉡, ㉣, ㉤
③ ㉠, ㉢, ㉣, ㉤   ④ ㉡, ㉢, ㉣, ㉤

11 다음 중 CC(Colon Classification)에 대한 설명으로 가장 옳지 않은 것은?

① 제7판은 본표는 발행되었으나 색인 부분은 발행되지 못하여 미완성 상태이다.

② 기본 범주 중 S는 지리(공간)구분을 의미하며 거의 모든 주제에 적용할 수 있고 dot(.)으로 연결한다.

③ 기본주제의 배치 원리는 암페르(A.M. Ampere)의 학문 배열을 따라 인문과학, 사회과학, 자연과학의 순으로 배정 하였다.

④ 기본 범주 중 M은 주제를 형성하는 물질의 주요 소재나 사물의 원재료를 나타내는 패싯기호로서 semicolon(;)기호를 사용한다.

12 다음의 자료들을 듀이십진분류법(DDC) 제23판으로 분류한 결과로 옳지 않은 것은?

① 사회과학총서 – 308

② 자연과학논집(계간) – 505

③ 영국문학전집 – 820.8

④ 문학이론 – 801

---

9 ㉢ 국제표준인 ISBD의 기술방식이 도입된 것은 KCR3이다.

10 ㉣ STRN – 표준기술보고서번호는 027에 기술한다.

11 ③ 기본주제의 배치 원리는 암페르(A.M. Ampere)의 학문배열을 따라 자연과학, 인문과학, 사회과학의 순으로 배정하였다.

12 ① 308은 할당되지 않은 필드이다.

13 다음은 한국문헌자동화목록(KORMARC) 레코드 중 리더(leader)의 예를 제시한 것이다. 이 가운데, 05 자리(레코드상태)의 'p'가 나타내는 것은?

0	1	0	8	2	p	a	m		a	2	2	0	0	3	0	1		c		4	5	0	0

① 기존 레코드의 입력수준을 완전수준으로 올린 레코드
② CIP 레코드를 완전수준으로 올린 레코드
③ 수정된 레코드
④ 신규 레코드

---

13 리더의 구조와 자수위치별 데이터 요소의 적용 수준

㉠ 리더의 구조

레코드 길이	레코드 상태	레코드 유형	서지 수준	제어 유형	문자 부호화 체계	지시 기호 자릿수	식별 기호 자릿수	데이터 기본 번지	입력 수준	목록 기술 형식	다권본 자원의 레코드 수준	엔트리 맵
00–04	05	06	07	08	09	10	11	12–16	17	18	19	20–23

㉡ 자수위치별 데이터 요소의 적용 수준

자수위치	자릿수	데이터 요소
00–04	5	레코드 길이
05	1	레코드 상태 a 기존레코드의 입력수준을 완전수준으로 올린 레코드 c 수정된 레코드 d 삭제되어야 할 레코드 n 신규 레코드 p CIP 레코드를 완전수준으로 올린 레코드
06	1	레코드 유형 a 문자자료　　　　　　　　　c 필사악보 이외의 악보 d 필사악보　　　　　　　　　e 지도자료(구체 포함) f 필사지도　　　　　　　　　g 평면영사자료 i 녹음자료(음악 이외)　　　　j 녹음자료(음악) k 평면비영사자료　　　　　　m 전자자료 o 키트　　　　　　　　　　　p 복합자료 r 입체자료(실물)　　　　　　t 필사문자자료 w 고서

07	1	서지수준 a 본에서 분리된 단행자료 성격의 구성요소 b 모본에서 분리된 연속간행자료 성격의 구성요소 c 집서(collection)　　　　　　d 집서의 하위단위 i 갱신자료　　　　　　　　　m 단행자료/단일자료 s 연속간행물
08	1	제어유형 ḅ 특정 유형이 아님　　　　　a 문서
09	1	문자부호화체계 ḅ KS X 1001　　　　　　　a UCS/Unicode z KS X 1001, UCS/Unicode 이외의 문자부호
10	1	지시기호 자릿수
11	1	식별기호 자릿수
12–16	5	데이터 기본번지
17	1	입력수준 ḅ 완전수준 1 완전수준이나 기존 목록을 근거로 입력한 경우 2 중간수준　　　　　　　　3 간략수준 4 핵심수준　　　　　　　　5 예비수준 7 최소수준　　　　　　　　8 발행전수준 u 미상　　　　　　　　　　z 적용불가
18	1	목록기술형식 ḅ ISBD 형식이 아닌 것　　　a AACR2 c KCR3판 이상　　　　　　i ISBD k KORMARC 기술규칙　　　u 미상
19	1	다권본 자원의 레코드 수준 ḅ 세분하지 않거나 해당되지 않음　a 세트(Set) b 독립표제를 지닌 부분　　　c 종속표제를 지닌 부분
20–23	4	엔트리 맵 /20 필드 길이의 자릿수　　　/21 필드 시작위치의 자릿수 /22 실행위치의 자릿수　　　/23 미지정 엔트리 맵 자릿수

정답 및 해설 13.②

14 IFLA의 '서지레코드의 기능상의 요건(FRBR)'에 제시된 제1집단 개체의 정의를 근거로 할 때, 다음의 사례에 대한 설명으로 가장 옳지 않은 것은?

> • 한강의 「채식주의자」는 창비 출판사에서 2007년 단행본으로 발행, 같은 해에 전자책으로 발행
> • 「채식주의자」는 Deborah Smith에 의해 번역되어 2015년 Portobello Books 출판사에서 단행본으로 발행, 같은 해에 전자책으로 발행
> • 임우성 감독은 이 소설을 바탕으로 영화 '채식주의자'의 각본을 쓰고 2010년 영화로 상영, 같은 해에 DVD로 출시

① 전자책으로 발행된 영문판 '채식주의자'는 표현형에 해당되는 개체이다.
② 한강의 '채식주의자' 한글 원본과 임우성 감독의 영화 '채식주의자' 각본은 서로 다른 저작이다.
③ DVD로 발행된 영화 '채식주의자'는 구현형에 해당되는 개체이다.
④ Portobello Books에서 출간한 영문판 단행본은 구현형에 해당되는 개체이다.

15 다음 한국십진분류법(KDC) 제6판의 강목(division) 가운데 기호와 주제가 바르게 연결되지 않은 항목을 포함한 것은?

① 340 – 정치학, 750 – 독일어
② 250 – 천도교, 670 – 음악
③ 170 – 논리학, 560 – 화학공학
④ 020 – 문헌정보학, 430 – 화학

16 다음 중 한국목록규칙(KCR) 제4판을 적용하여 한국문헌 자동화목록(KORMARC) 통합서지용을 작성할 때 사용하지 않는 필드로만 올바르게 묶여진 것은?

① 1XX, 210, 240
② 730, 773, 830
③ 1XX, 240, 243, 730, 830
④ 210, 240, 243, 700, 730, 830

17 다음 중 분류 규정에 대한 설명으로 옳은 것을 모두 고르면?

㉠ 인과관계는 원인이 된 주제에 분류한다.

㉡ 셋 이상의 주제는 그 주제들 중 가장 많이 다룬 주제에 분류한다.

㉢ 원저작의 번역서나 비평서는 원저작과 따로 분류한다.

㉣ 원저작의 번안이나 각색은 번안가나 각색자의 작품으로 분류한다.

㉤ 언어 학습용 대역서는 원저작과 함께 분류한다.

---

① ㉠, ㉡

② ㉡, ㉣, ㉤

③ ㉡, ㉢, ㉣, ㉤

④ ㉣

---

14 ① 전자책으로 발행된 영문판 '채식주의자'는 구현형에 해당되는 개체이다.

15 ③ 560은 전기공학, 전자공학이다. 화학공학은 570이다.

16 • 1XX : 기본표목은 저자주기입방식의 목록규칙(KCR2, AACR2)에서 사용하되 서명주기입방식의 목록규칙 (ISBD, KCR3, KCR4, KORMARC)에서는 원칙적으로 사용하지 않는다.
  • 240, 243 : 통일표제와 종합통일표제는 기본표목을 사용하지 않는 KCR4에서는 사용하지 않는다.
  • 730 : 부출표목 – 통일표제는 통일표제를 사용하지 않는 KCR4에서는 사용하지 않는다.
  • 830 : 총서부출표목 – 통일표제는 통일표제를 사용하지 않는 KCR4에서는 사용하지 않는다.

17 ㉠ 인과관계는 결과가 된 주제에 분류한다.
  ㉡ 상위, 하위 주제에 해당하는 셋 이상의 주제는 상위 주제에 분류한다.
  ㉢ 원저작의 번역, 비평, 해설, 연구, 생인 등은 원저작에 분류한다.
  ㉤ 언어 학습용 대역서나 주해서는 언어의 해석이나 독본에 분류한다.

정답 및 해설 14.① 15.③ 16.③ 17.④

18 다음은 한국목록규칙(KCR) 제4판과 한국문헌자동화목록(KORMARC) 통합서지용으로 작성한 레코드들의 일부이다. 첫 번째 레코드를 참고하여 두 번째 레코드의 괄호 안에 들어갈 필드 번호로 옳은 것은? (단, 지시기호와 띄어쓰기는 적용하지 않는다.)

레코드 1

245 ▼5aBulletin of the Special Astrophysical Observatory -- North Caucasus
765 ▼5tAstrofizicheskie issledovaniia ▼w(DLC)b/b/b/78648457 ▼w(OCoLC)4798581

레코드 2

245 ▼5aAstrofizicheskie issledovaniia
(   ) ▼aAstrofizicheskie issledovaniia. English. ▼tBulletin of the Special Astrophysical Observatory-North Caucasus ▼x0190-2709 ▼w(DLC)86649325 ▼w(OCoLC)4698159

---

① 762   ② 767
③ 772   ④ 776

19 다음 중 커터-샌본 저자기호표(Cutter-Sanborn Three-Figure Author Table)에 대한 설명으로 가장 옳지 않은 것은?

① 저자명 중 Mc, Mac, M'으로 시작되는 저자명은 자료의 표기에 관계없이 모두 Mc으로 처리하여 기호를 부여한다.
② 숫자 '0' (zero)은 알파벳 대문자 'O'와 혼동되기 쉽기 때문에 사용하지 않는다.
③ 해당하는 번호가 없는 저자명의 경우에는 바로 앞의 번호를 채택하여 기재한다.
④ 전기자료는 그 대상 인물의 이름을 기호화하고 저자명을 저작기호로 기재한다.

20 METS(Metadata Encoding and Transmission Standard)는 디지털 형태의 정보자원에 대한 구조적, 기술적, 관리적 메타데이터를 입력하기 위한 방안으로 고안된 XML 스키마 기반의 인코딩 표준이며, 총 7개의 섹션(seven major section)으로 구성된다. 다음 중 METS의 7개 섹션(section)에 해당되지 않는 것은?

① Administrative Metadata

② Behavior

③ File Section

④ Structural Metadata

---

18 영어 번역본이므로 번역저록 필드인 767에 기술한다.
   ① 762 하위총서저록
   ③ 772 모체레코드저록
   ④ 776 기타형태저록

19 ① 저자명 중 Mc, Mac, M'으로 시작되는 저자명은 Mac로 철자가 시작되는 것으로 간주한다.

20 METS의 구조
   ㉠ 헤더 섹션(Header Section) [필수]
   ㉡ 기술 메타데이터 섹션(Descriptive Metadata Section)
   ㉢ 관리 메타데이터 섹션(Administrative Metadata Section)
   ㉣ 파일 섹션(File Section)
   ㉤ 구조맵 섹션(Structure Map Sections) [필수]
   ㉥ 구조연결 섹션(Structure Link Sections)
   ㉦ 행위 섹션(Behavior Section)

정답 및 해설 18.② 19.① 20.④

1 조선십진분류표에 대한 설명으로 옳은 것은?

① 박봉석이 동서도서분류표를 수정하여 1947년에 편찬하였다.

② 주류배열은 Bacon의 학문분류에 바탕을 두고 있다.

③ 주류는 100 철학, 200 종교, 300 사회, 400 이학 등의 순이다.

④ DDC와 같이 분류기호 세 자리 뒤에 소수점을 사용하였다.

2 리재철의 '한글순도서기호법'과 구조적으로 가장 유사한 것은?

① 박봉석의 성별기호표(性別記號表)

② 이춘희의 동서저자기호법

③ LC 저자기호법(Cutter table)

④ Cutter-Sanborn Three-Figure Author Table

3 다음은 DDC 제23판을 이용하여 분류한 결과이다. 각 분류기호의 밑줄 친 '5'의 의미는?

05<u>5</u>   4<u>5</u>0   8<u>5</u>0   914.<u>5</u>   94<u>5</u>

① Italian 또는 Italy

② Serial publication

③ Speeches

④ Grammar

4 KDC 제6판 문학류에서 적용되는 분류의 일반규정으로 옳지 않은 것은?

① 소설과 수필로 이루어진 저작은 소설에 분류한다.

② 한국인이 영어로 쓴 소설은 한국문학 아래에 분류한다.

③ 어느 한 작가에 대한 비평은 그 작가와 함께 분류한다.

④ 어느 한 작가의 문체, 어법을 다룬 저작은 그 작가 또는 그 작가의 전기에 분류한다.

---

1 조선십진분류표(KDCP)는 박봉석이 동서도서분류표를 수정하여 1947년에 편찬한 십진분류법이다.

　② 주류배열은 전 주제를 1류부터 9류까지 나누고 0류에 총류를 두었다.

　③ 1류 철학/종교, 2류 역사/지지, 3류 어학/문학, 4류 미술/연예, 5류 사회/교육, 6류 정법/경제, 7류 이학/의학, 8류 공학/공업, 9류 산업/교통 순이다.

　④ 아라비아 숫자를 이용한 순수기호법을 적용하였으나 분류기호의 수를 4자리로 제한하여(→소수점 사용하지 않음) 세분화가 어렵다.

2 리재철의 '한글순도서기호법'은 분석합성식 기호법으로 LC 저자기호법과 구조적으로 유사하다.

　①②④ 열거식 구조이다.

3 050 연속간행물 – 05<u>5</u> 이탈리아어

　400 언어 – 4<u>5</u>0 이탈리아어

　800 문학 – 8<u>5</u>0 이탈리아문학

　910 지리 및 기행 – 914 유럽지리 – 914.<u>5</u> 이탈리아지리

　940 유럽사 – 94<u>5</u> 이탈리아, 산마리노, 바티칸시

4 ② 한국인이 영어로 쓴 소설은 영미문학 아래 843에 분류한다.

5 다음은 KDC 제6판의 일부를 발췌한 것이다. 이를 이용하여 '영국 공무원제도'를 분류한 기호로 옳은 것은?

```
350.2        행정조직
  .21          대통령직
  .23          외교 · 통일 관련부처
  .3        인사행정
  .31          공무원제도
351-357 각국 중앙행정 Administration in specific countries
             지역구분표에 따라 세분한 후, 350.1-.8과 같이 기호를 부가하여 세분한
             다. (예 : 중국외교부 351.223; 미국대통령 354.221)
             각국 지방자치 및 지방행정 → 359.1-.7
------------------------------------------------------------
2. 지역구분표
 -12    중국(中國)  China
 -24    영국, 아일랜드  United Kingdom of Great Britain, Ireland
 -42    미국(미합중국)  United States of America(USA)
```

① 350.3124   ② 350.2431

③ 353.124   ④ 352.431

6 다음은 KDC 제6판 본표의 일부를 발췌한 것이다. 이를 이용하여 '미국 지도'를 분류한 기호로 옳게 짝지은 것은?

---

942   미국(미합중국)   United States of America(USA)

984   북아메리카지리   Geography of North America

        지역구분표 -4에 따라 세분한다.

989   지도 및 지도책   Maps and atlas

        지구의 및 지리모형, 세계지도, 동반구 및 서반구 지도 등을 포함한다.

        지역구분표에 따라 세분한다.

        별법 : 도서관에 따라 지도는 989 대신에 M을 분류기호 앞에 붙여서 사용할 수 있다.

	분류기호	별법분류기호
①	989.42	M42
②	989.42	M984.2
③	989.442	M984.2
④	989.442	M42

---

5 각국 중앙행정은 지역구분표에 따라 세분한 후, 기호를 부가하여 세분하므로 '영국 공무원제도'는 35 + -24 + 31 → 352.431

6 • 분류기호 : 989 + -42 → 989.42
    • 별법분류기호 : M + 989 + -42 → M984.2

<u>정답 및 해설</u> 5.④ 6.②

7 다음은 KDC 제6판 본표의 일부를 발췌한 것이다. 이를 이용하여 분류한 내용으로 옳은 것은?

809 　　　문학사(文學史), 평론 History and criticism of literature
　　　　　문학의 사조(史潮), 제파(諸派) 및 평론 등을 포함한다.
　　　　　각국 문학사는 해당문학 아래에 분류한다.

.03 　　　중세 1150-1499

.1-.8 　각 문학형식의 역사
　　　　　문학형식구분표에 따라 세분한다.
　　　　　문학형식에 의한 각국 문학사는 해당문학 아래에 분류한다.

810 　　　한국문학(韓國文學) Korean literature
820 　　　중국문학(中國文學) Chinese literature

---

① 세계소설사　　　　　809.03
③ 중국소설사　　　　　823.09
② 중세문학사　　　　　809.3
④ 한국시의 역사　　　　811.9

8 DDC 제23판을 이용하여 '일제 강점기에 2인 이상의 한국인 저자가 쓴 단편소설'을 분류할 때, 분류 순으로 바르게 나열한 것은?

ㄱ 문학　　　　　　　　　　　ㄴ 일제 강점기
ㄷ 단편소설　　　　　　　　　ㄹ 소설
ㅁ 한국어

---

① ㄱ→ㄹ→ㄷ→ㅁ→ㄴ　　　② ㄱ→ㄹ→ㄷ→ㄴ→ㅁ
③ ㄱ→ㅁ→ㄹ→ㄷ→ㄴ　　　④ ㄱ→ㅁ→ㄹ→ㄴ→ㄷ

9 『KORMAC—통합서지용』에서 지시기호나 식별기호를 사용하는 필드는?

① 003 제어번호 식별기호

② 007 형태기술필드

③ 008 부호화정보필드

④ 012 국립중앙도서관 제어번호

---

7 ① 세계소설사 809.3
② 중세문학사 809.03
④ 한국시의 역사 811.09

8 문학 → 한국어(언어) → 소설(문학형식) → 단편소설(문학형식의 하위형식) → 일제 강점기(문학시대)

9 ④ 표시기호 01X-09X는 각종 숫자와 부호로 구성되는 정보를 나타내며, 지시기호와 식별기호를 사용한다.
①②③ 00X 제어필드는 표시기호 001부터 009까지 해당되며, 제어번호와 최종처리일시, 형태기술필드, 부호화
정보필드가 포함된다. 제어필드에는 지시기호와 식별기호를 사용하지 않는다.

10 다음은 DDC 제23판의 일부를 발췌한 것이다. 이를 이용하여 분류한 내용으로 옳지 않은 것은?

---

499 Non–Austronesian languages of Oceania, Austronesian languages, miscellaneous languages

Add to base number 499 the numbers following –99 in notation 991–999 from Table 6; then to the number for each language listed below add further as instructed at beginning of Table 4, e.g., grammar of Maori 499.4425

   499.211 Tagalog
   499.442 Maori
   499.92 Basque
   499.95 Sumerian

Table 4
–3 Dictionaries of the standard form of the language
–5 Grammar of the standard form of the language

Table 6
–992 11 Tagalog
–994 42 Maori
–999 2 Basque
–999 3 Elamite
–999 4 Etruscan
–999 5 Sumerian

---

① Tagalog 문법   499.2115
② Basque 사전   499.923
③ Elamite 사전   499.93
④ Etruscan 문법   499.945

11 다음은 DDC 제23판 본표의 일부를 발췌한 것이다. 괄호 안에 들어갈 Table 명칭으로 옳은 것은?

155.457   Children by ethnic and national group
　　　　　Class here ethnopsychology
　.457 001−.457 009 Standard subdivisions

　.457 1−.457 9 Specific ethnic and national groups
　　　　　Add to base number 155.457 notation
　　　　　1−9 from (　　), e.g., Japanese children
　　　　　155.457956, Japanese−American children
　　　　　155.457956073

---

① Languages

② Ethnic and National Groups

③ Geographic Areas, Historical Periods, Biography

④ Subdivisions of Individual Languages and Language Families

---

10 ④ Etruscan는 본표에서 Table 4를 추가할 수 있다고 언급되어 있지 않다. 따라서 'Etruscan 문법'은 Table 6을 이용해 499.94에 분류한다.

11 본표 내용 중 'ethnic and national groups'을 통해 Table 명칭을 알 수 있다.

정답 및 해설 10.④ 11.②

12 ISBD에 대한 설명으로 옳은 것만을 고른 것은?

> ㉠ IFLA의 주관으로 서지기술의 국제적 표준화와 목록의 기계화를 고려하여 제정된 것이다.
> ㉡ 1974년 일반공통용 ISBD(G)가 처음으로 제정되었으며, 각 매체별로 제정된 ISBD를 하나의 통합된 형태로 제정하기 위한 통합판이 2011년에 발행되었다.
> ㉢ ISBD의 가장 중요한 특징 가운데 하나는 구두법이며, 구두법은 기술요소와 함께 채기하되 언제나 기술요소의 뒤에 온다.
> ㉣ ISBD 통합판에는 내용형식과 매체유형영역이 포함되어 있다.

① ㉠, ㉡   ② ㉠, ㉣
③ ㉡, ㉢   ④ ㉢, ㉣

13 다음은 특정 주제명표목표의 일부분이다. 이를 『KORMARC-전거통제용』으로 작성한 전거레코드로 옳은 것은? (단, 지시기호와 띄어쓰기는 무시한다)

> 전자도서관
>   UF 디지털도서관
>   가상도서관

①   130   ▼a전자도서관
     330   ▼a디지털도서관
     330   ▼a가상도서관

②   150   ▼a전자도서관
     450   ▼a디지털도서관
     450   ▼a가상도서관

③   130   ▼a전자도서관
     330   ▼a전자도서관 ▼b가상도서관

④   150   ▼a도서관
     450   ▼a전자도서관 ▼b가상도서관

14 『KORMARC-통합서지용』 개정판에 RDA를 수용하면서 추가된 필드로 옳지 않은 것은?

① 256 컴퓨터파일 특성

② 264 생산, 발행, 배포, 제작, 저작권표시

③ 377 관련 언어

④ 382 연주매체

---

12 ⓛ 1974년에 제정된 것은 ISBD(M)이다. ISBD(G)가 제정된 것은 1977년이다.
ⓒ 구두법은 기술요소와 함께 채기하되 언제나 기술요소의 앞에 온다.

13 UF(Use For)는 다음에 오는 용어가 비우선어임을 지시하므로 디지털도서관과 가상도서관에 대해 전자도서관이 우선어이다. X50이 주제명이므로 전자도서관을 150에, 디지털도서관과 가상도서관을 "보라" 부출 450에 작성한다.

14 ① 256 컴퓨터파일 특성 필드는 개정 전부터 존재한 필드이다.
※ KORMARC-통합서지용 개정판 신규필드

신규필드	내용	신규필드	내용
264	생산, 발행, 배포, 제작, 저작권표시	381	저작 또는 표현형의 기타 구별 특성
336	내용유형	382	연주 매체
337	매체유형	383	음악 저작 번호 표시
338	수록매체유형	384	음조 (Key)
344	사운드 특성	542	저작권 관련 정보
345	영상자원의 영사 특성	588	기술(記述)의 정보원 주기
346	비디오 특성	648	주제명부출표목 – 시대
347	디지털 파일 특성	662	주제명부출표목 – 계층적 지명
377	관련 언어	880	변형문자표시
380	저작의 형식		

15 「국제목록원칙규범」(2009)에 대한 설명으로 옳지 않은 것은?

① 도서관에서 작성하는 서지데이터에만 적용을 목표로 하고 있다.

② 각국의 목록규칙을 제정할 때 지침으로 사용하기 위한 것이다.

③ IFLA에서 발간한 FRBR에서 제시한 개념모형에 기초하고 있다.

④ 1961년에 발표된 파리원칙(Paris Principles)의 적용범위를 대체하거나 확장한 새로운 원칙규범이다.

16 다음의 서지데이터를 FRBR 모형으로 적용했을 때, 그 내용으로 옳지 않은 것은?

> 표제 : 디지털 시대의 경영학
> 책임표시 : 강시영, 유홍주 공저
> 발행연도 : 2016년
> 주제어 : 경영학, 디지털
> 청구기호 : 325 강58ㄷ

① '디지털 시대의 경영학'은 제1집단의 개체이다.

② '유홍주'는 제2집단의 개체이다.

③ '경영학'은 제3집단의 개체이다.

④ '325 강58ㄷ'은 제4집단의 개체이다.

17 KCR 제4판의 적용사례에 대한 설명으로 옳은 것만을 모두 고른 것은? (단, 예시의 띄어쓰기는 무시한다)

⊙ 자료상에 '第三改正版'으로 표시된 것은 '제3개정판'으로 고쳐 기술한다.
ⓛ 실제로는 3쇄인데 자료상에 '3판'으로 표시된 것은 '3판 [실은 3쇄]'로 기술한다.
ⓒ 경남 고성군에서 발행한 자료는 강원도 고성군에서 발행한 자료와 구별하기 위해 '고성군(경남)'으로 기술한다.
ⓔ 발행연도가 '단기 4277'로 표시된 경우에는 이를 서력으로 환산한 연도를 각괄호로 묶어 '단기 4277 [1944]'로 표기한다.

① ⊙, ⓒ
② ⓛ, ⓔ
③ ⓛ, ⓒ, ⓔ
④ ⊙, ⓛ, ⓒ, ⓔ

---

15 ① 도서관 작성 서지데이터뿐만 아니라 미술관, 박물관 등 범적용을 목표로 하고 있다.

16 FRBR의 개체와 집단
⊙ 제1집단 : 저작, 표현형, 구현형, 개별자료
ⓛ 제2집단 : 지적, 예술적 내용을 책임지거나 배포, 관리상의 책임을 지닌 개인과 단체
ⓒ 제3집단 : 개념, 대상, 사건, 장소

17 ⊙ 자료상에 '第三改訂版'으로 표시된 것은 '第3改訂版'으로 고쳐 기술한다.

18 다음 제시된 가상의 자료를 대상으로 KCR 제4판과 『KORMARC-통합서지용』에 의거하여 작성한 목록레코드로 옳은 것은? (단, 지시기호와 띄어쓰기는 무시한다)

〈표제면〉 〈판권기〉

알기 쉬운
정보자료 활용 지침서

심청이 · 춘향이 공저
홍길동 교수 그림

(사)공공도서관협의회

알기 쉬운
정보자료 활용 지침서
2008년 1월 1일 초판 발행
2009년 1월 1일 셋째판 발행
2015년 1월 1일 넷째판 발행
2017년 1월 1일 넷째판 三쇄 발행

지은이 심청이 · 춘향이
그림 홍길동 교수
발행처 (사)공공도서관협의회
서울시 종로구 북촌로 11
ISBN 978-89-555-2997-1 정가
10,000원

○ 도서의 본문에는 삽화, 사진, 도표가 있고 마지막 페이지는 256임.
○ 크기는 25.9 cm임.
○ 부록으로 CD 1매와 안내서 1책이 딸려 있음.
○ KDC 제6판으로 분류하면 '025.15'임.

---

① 082 ▾a025.15 ▾26

② 245 ▾a(알기 쉬운) 정보자료 활용 지침서 / ▾d심청이, ▾e춘향이 공저 ; ▾e홍길동 그림

③ 260 ▾a서울 : ▾b공공도서관협의회, ▾c2017

④ 300 ▾a256 p. : ▾b삽화, 사진, 도표 ; ▾c26 cm + ▾e디스크 1매 + 안내서 1책

19 자료의 서지기술과 관련된 역사적 발전 내용을 제시한 것이다. 발표한 시대순으로 바르게 나열한 것은?

> ⊙ 인터넷 정보공간에 대한 자원기술과 검색을 위해 DC(Dublin Core)가 발표되었다.
> ⓒ KCR 제4판이 발간되었다.
> ⓒ AACR을 전면 개정하여 RDA가 발간되었다.
> ⓔ 『KORMARC-통합서지용』 개정판이 KS로 제정되었다.

① ㉠ → ㉡ → ㉢ → ㉣
② ㉠ → ㉡ → ㉣ → ㉢
③ ㉠ → ㉢ → ㉡ → ㉣
④ ㉡ → ㉠ → ㉣ → ㉢

---

18 ① 082는 듀이십진분류기호이다. 한국십진분류기호는 056이다.
　　③ ▼c2017 → ▼c2015
　　④ ▼b삽화, 사진, 도표 → ▼b삽화, 도표, 사진 : 삽화류가 아닌 기타형태사항은 자모순으로 기술한다.

19 ㉠ 더블린 코어는 1995년 데이터의 호환성을 유지하고 자원의 기술에 필요한 데이터 요소를 규정하여 시스템 간의 상호운용성을 확보하고 신속한 검색 지원을 목적으로 만들어졌다.
　　㉡ KCR 4판은 1998년부터 개정작업을 시작하여 2001년 초안이 마련되었으며, 1년여 동안 실무자들의 의견수렴 절차를 거쳐 수정보완을 통해 발간되었다.
　　㉢ RDA는 2005년 AACR3의 대대적인 개편과 함께 명칭이 RDA로 변경되었다. 2008년 11월에 초안이 발표되었으며 목록의 개념모형과 전거데이터의 개념모형을 구현할 수 있도록 반영된 규칙이다.
　　㉣ 2005년 12월 한국산업규격(KS)로 제정되었던 『한국문헌자동화목록형식-통합서지용』의 KS 개정이 2014년 5월 완료되었다.

정답 및 해설 18.② 19.①

20 다음은 국립중앙도서관의 KORMARC 데이터의 일부이다. ㉠ ～ ㉣에 들어갈 내용이 순서대로 바르게 연결된 것은?(단, 띄어쓰기는 무시한다)

245	00	▼a한국문헌자동화목록형식: ▼b통합서지용= ▼(㉠) Korean machine readable cataloging format: integrated format for bibliographic data / ▼d국립중앙도서관 편저
260		▼a서울: ▼b한국도서관협회, ▼c2006
500		▼a1권 권말부록으로 "제어식별기호", "역할어, 정보원 기술 부호", "판단이 모호한 표목" 수록
(㉡)	00	▼n1. ▼t설계원칙~09X 숫자와 부호필드, 부속서·부록 -- ▼n2. ▼tX00표목 필드~9XX 로컬에서 정의한 필드
650	8	▼a한국 문헌 자동화 목록법
(㉢)		▼a국립중앙도서관
(㉣)	0	▼b₩145000

	㉠	㉡	㉢	㉣
①	p	504	710	980
②	x	505	710	950
③	p	505	711	980
④	x	504	711	950

20 ㉠ 대등표제 ▾x

㉡ 505 내용주기

㉢ 710 부출표목 – 단체명

㉣ 950 로컬정보 – 가격

1 KDC 제6판 종교(200)의 하위 주제에 해당하지 않는 것은?

① 경학(經學)   ② 신앙생활
③ 교회론   ④ 도교(道敎)

2 리재철 『한글순도서기호법』(제5표)를 적용할 때, 『구조동역학』(김춘호 저)의 저자기호로 옳은 것은?

자음기호		모음기호			
		초성이 'ㅊ'이 아닌 글자		초성이 'ㅊ'인 글자	
ㄱ ㄲ	1	ㅏ	2	ㅏ(ㅐ ㅑ ㅒ)	2
ㄴ	19	ㅐ(ㅑ ㅒ)	3	ㅓ(ㅔ ㅕ ㅖ)	3
ㄷ ㄸ	2	ㅓ(ㅔ ㅕ ㅖ)	4	ㅗ(ㅘ ㅙ ㅚ ㅛ)	4
ㄹ	29	ㅗ(ㅘ ㅙ ㅚ ㅛ)	5	ㅜ(ㅝ ㅞ ㅟ ㅠ ㅡ ㅢ)	5
ㅁ	3	ㅜ(ㅝ ㅞ ㅟ ㅠ)	6	ㅣ	6
ㅂ ㅃ	4	ㅡ(ㅢ)	7		
ㅅ ㅆ	5	ㅣ	8		
ㅇ	6				
ㅈ ㅉ	7				
ㅊ	8				
ㅋ	87				
ㅌ	88				
ㅍ	89				
ㅎ	9				

① 기85   ② 기86
③ 김85   ④ 김86

3 KDC 제6판의 본표 일부를 발췌한 것이다. 이를 적용한 『윤리학 교육과정 비교분석』의 분류기호는?

190	윤리학(倫理學), 도덕철학(道德哲學) Ethics, moral philosophy
374	교육과정 Curriculum

> 교육과정 개발, 교육과정 평가, 각과교육, 이론, 경험중심과정론 및 교과서, 교과서 문제 등을 포함한다.
> 001-999와 같이 주제구분한다. 예 : 수학교육과정 374.41
> 별법 : 도서관에 따라 각과교육 다음에 0을 부가한 후 373.1-.78과 같이 세분할 수 있다. 예 : 수학교육평가 374.4107
> 각급 학교의 각과 교육과정은 해당학교 아래에 분류한다. 예 : 초등학교 사회생활과교육 375.43

375	유아 및 초등 교육 Elementary education

① 190.374

② 374.19

③ 374.1903

④ 375.1

---

1 ① 경학(經學)은 140으로 철학(100)의 하위 주제에 해당한다.

2 • 저자기호는 저자의 성을 그대로 쓴다. → 김
  • 자음기호 : 이름의 첫 글자 자음이 ㅊ → 8
  • 모음기호 : 초성이 'ㅊ'인 글자에 ㅜ → 5

3 교육과정 + 윤리학 → 347 + 1̶9̶0̶ → 347.19

4 DDC 제23판의 본표 일부를 발췌한 것이다. 밑줄 친 ㉠과 동일한 의미를 갖는 KDC 제6판의 분류 기호는?

600	Technology (Applied sciences)
<u>610</u>	Medicine and health
㉠	
620	Engineering and allied operations

① 410   ② 420

③ 510   ④ 520

5 다음 분류법(초판)을 발간한 순서대로 바르게 나열한 것은?

㉠ Ranganathan의 콜론분류법(CC)
㉡ Harris의 분류법
㉢ Dewey의 십진분류법(DDC)
㉣ Cutter의 전개분류법(EC)

① ㉡→㉢→㉠→㉣
② ㉡→㉢→㉣→㉠
③ ㉡→㉣→㉢→㉠
④ ㉣→㉡→㉢→㉠

6 DDC 제23판의 일부를 발췌한 것이다. 이를 적용한 『Public libraries in Japan』의 분류기호는?

---

027   **General libraries, archives, information centers**

      .4   **Public libraries**

    [.409 3-.409 9] Specific continents, countries, localities

                     Do not use; class in 027.43-027.49

   .42 Library outreach program

   .43-.49 Specific continents, countries, localities

            Add to base number 027.4 notation 3-9 from Table 2, e.g. public libraries in France 027.444

Table 2

-51   China and adjacent areas

-519 Korea

-52   Japan

---

① 027.40952

② 027.452

③ 027.4952

④ 027.52

7 KDC 제6판의 일부를 발췌한 것이다. 이를 적용하여 분류한 것으로 옳지 않은 것은?

---

340 정치학(政治學) Political sciences
.9 정치사 및 정치사정
980 지리(地理) Geography

특수지리학은 해당주제 아래에 분류한다. 예 : 경제지리학 320.98 ; 정치지리학 340.98

.2 명승안내, 여행

특정지역의 명승안내, 여행은 해당지역에 분류한다. 예 : 아시아기행 981.02

981 아시아지리 Geography of Asia

지역구분표 −1에 따라 세분한다. 예 : 한국지리 981.1 ; 중국기행 981.202

982 유럽지리 Geography of Europe

지역구분표 −2에 따라 세분한다. 예 : 영국지리 982.4 ; 독일여행기 982.502

984 북아메리카지리 Geography of North America

지역구분표 −4에 따라 세분한다. 예: 미국지리 984.2

989 지도 및 지도책 Maps and atlas

지구의 및 지리모형, 세계지도, 동반구 및 서반구 지도 등을 포함한다.
지역구분표에 따라 세분한다. 예 : 아시아지도 989.1
별법 : 도서관에 따라 지도는 989 대신에 M을 분류기호 앞에 붙여서 사용할 수 있다. 예 : 아시아지도 M981

지역구분표
−11 대한민국(大韓民國) Korea
−13 일본(日本) Japan
−41 캐나다 Canada

---

① 대한민국지도   M981.1
② 일본지도   989.13
③ 현대정치지리학   340.98
④ 캐나다기행   980.241

8 KDC 제6판의 본표 일부를 발췌한 것이다. 이를 적용한 『소설가 박경리 전기』의 분류기호는?

810	한국문학(韓國文學) Korean literature
813	소설 Fiction
.6	20세기 1910-1999
990	전기(傳記) Biography
	별법 : 도서관에 따라 개인전기는 99, B 등으로 간략하게 분류할 수 있다.
(991)	*아시아전기 Biography of Asia
	지역구분표 -1에 따라 세분한다. 예 : 한국인총전 991.1
(998)	주제별전기 Biography by subjects
	이 주제별 전기는 990 아래에 전기서를 일괄집중시켜 분류하고자 할 경우에 별법으로 여기에 분류할 수 있다.
	주제별 전기는 예컨대 철학가, 종교가, 예술가, 문학가 등과 같이 그 인물과 주제가 밀접한 관련을 갖고 있으므로 일반적으로는 해당주제 아래에 분류한다.
	예 : 수학자전기 410.99
	주제와 관련을 갖는 각전 및 총전을 포함한다.
	100-990과 같이 주제구분(강목 이상)한다. 예 : 수학자전기 998.41

----

* 특수전기, 지역전기를 함께 모으고자 할 경우에 별법으로 여기에 분류할 수 있다. 그렇지 않을 경우에는 해당주제 아래에 분류한다.

① 998.81   ② 991.81

③ 991.8   ④ 813.6

---

7 ④ 캐나다기행 984 + -41 + 02→984.102
  ① 대한민국지도 M + 98ł + -11→M981.1
  ② 일본지도 989 + 13→989.13
  ③ 현대정치지리학 340 + 980→340.98

8 전기는 '해당주제 + 표준구분표 전기' 아래, '주제별 전기 + 주제구분' 아래, '전기 + 지역구분표' 아래 순으로 적용하여 분류한다. 따라서 보기 중 998 + 810→998.81이 가장 적합하다.
  ④ 813.6(해당주제) 아래 분류하기 위해서는 표준구분표의 -099 전기를 더하여 분류해야 한다.

정답 및 해설 7.④ 8.①

9 KDC 제6판의 본표 일부를 발췌한 것이다. 이를 적용하여 분류할 경우, 별법이 적용된 것만을 모두 고르면?

---

016 **주제별 서지 및 목록** Subject bibliographies and catalogs
　　　별법 : 도서관에 따라 주제별 서지 및 목록을 각 주제 아래에 분류할 수 있다.
　　　예 : 법률서지 및 목록 360.26

022 **도서관 건축 및 설비** Library buildings and equipments
　　　별법 : 도서관에 따라 549.31에 분류할 수 있다.

430 **화학(化學)** Chemistry
　　　430.01-.09는 표준구분에 따라 세분한다.

739 **기타 아시아 제어(諸語)** Other Asian languages
　(.86) *필리핀어, 타갈로그어 Philippine, Tagalog languages

840 **영미문학(英美文學)** English and American literatures
　　　별법 : 도서관에 따라 미국문학은 849에 분류할 수 있다.

843 **소설** Fiction

(849) **미국문학(美國文學)** American literature in English
　　　　영국문학과 미국문학을 구분하고자 할 경우는 미국문학을 여기에 분류할 수 있다.
　(.3) 소설

----

* 해당언어를 동남아시아어와 함께 분류하고자 할 경우에 별법으로 여기에 분류할 수 있다. 그렇지 않을 경우에는 796 아래의 해당언어에 분류한다.

ⓗ 화학서지 및 목록　430.026
ⓛ 필리핀어　　　　　　739.86
ⓒ 미국소설　　　　　　843
ⓔ 도서관 건축　　　　022

① ㉠, ㉡　　　　　　　　　　　　　② ㉠, ㉡, ㉢
③ ㉡, ㉢, ㉣　　　　　　　　　　　④ ㉠, ㉡, ㉢, ㉣

10 KDC 제6판의 본표와 표준구분표를 적용하여 분류한 것으로 옳지 않은 것은?

① 종교역사　　　　　209
③ 생명과학 연구법　　470.7
② 기술과학학회　　　506
④ 생활과학잡지　　　590.4

---

9 ㉠ 016의 별법에 따라 각 주제(화학 430) 아래에 분류한 것이다.
　 ㉡ *필리핀어, 타갈로그어를 동남아시아어와 함께 분류하고자 할 경우에 별법으로 739.86에 분류할 수 있다.
　 ㉢ 별법을 적용한다면 미국소설은 849에 분류한다.
　 ㉣ 별법을 적용한다면 도서관 건축은 549.31에 분류한다.

10 ④ 표준구분표에서 −04는 강연집, 수필집, 연설문집에 해당한다. 생활과학잡지는 −02 잡저(주제를 간단하고 얕게 포괄적으로 다룬 저작, 단편적 참고가 되는 저작, 유머스럽게 다른 저작 및 시청각적으로 다룬 저작 등을 포함한다)를 적용하여 590.2로 분류한다.

정답 및 해설 9.① 10.④

11 〈보기 1〉을 대상으로 KCR 제4판과 KORMARC 형식(통합서지용, 2014 개정판)을 적용하여 〈보기 2〉의 레코드를 작성하였다. 〈보기 2〉의 필드 기술이 옳지 않은 것만을 모두 고르면? (단, 지시기호와 띄어쓰기는 적용하지 않음)

〈보기 1〉

- 표제 : 『정의란 무엇인가』
- 책임표시 : 마이클 샌델 저, 이창신 옮김
- 총서사항 : 사상총서 ⑨
- 원표제 : 『Justice』
- 원저자 Michael Sandel은 1953년생
- 원작의 레코드제어번호 : 0000245544

〈보기 2〉

ㄱ 041   ▾akor ▾heng
ㄴ 245   ▾a정의란 무엇인가 / ▾c마이클 샌델 저 ; ▾d이창신 옮김
ㄷ 440   ▾a사상총서 ; ▾v9
ㄹ 700   ▾aMichael Sandel, ▾d1953‒
ㅁ 765   ▾tJustice ▾w0000245544

---

① ㄱ, ㄴ

② ㄴ, ㄷ, ㄹ

③ ㄴ, ㄹ, ㅁ

④ ㄴ, ㄷ, ㄹ, ㅁ

12 KCR 제4판과 KORMARC 형식(통합서지용, 2014 개정판)을 적용하여 연속간행물을 기술한 레코드의 일부이다. ㉠, ㉡에 들어갈 표시기호로 옳은 것은? (단, 지시기호와 띄어쓰기는 적용하지 않음)

310	▼a계간
(㉠)	▼a제11권 제1호(2010년 3월)-
580	▼a교통계획 및 정책연구에서 교통계획과 교통정책으로 분리
(㉡)	▼t교통계획 및 정책연구▼g제1권 제1호(2000년 3월)-제10권 제4호(2009년 12월)

	㉠	㉡
①	321	780
②	321	785
③	362	780
④	362	785

---

11 ㉡ ▼c마이클 샌델 저 ; ▼d이창신 옮김 → ▼d마이클 샌델 저 ; ▼e이창신 옮김
ⓒ KORMARC 통합서지용, 2014 개정판에서는 440을 삭제하고 490을 총서사항으로 사용한다.
㉣ ▼aMichael Sandel, → ▼aSandel, Michael,

12 ㉠ 362 권·연차, 연월차 사항 [반복], ㉡ 780 선행저록 [반복]
①② 321 이전 간행빈도 [반복]
②④ 785 후속저록 [반복]

13 목록의 표목과 접근점에 대한 설명으로 옳지 않은 것은?

① 특정 문헌이나 합집에 수록된 개별 저작을 대상으로 한 분출저록의 표목을 분출표목이라 한다.

② 접근점을 저자(단체), 표제, 주제명, 분류기호로 제한하고, 이 가운데 주제명과 분류기호를 기본표목으로 사용한다.

③ AACR2R에서는 저자를 알 수 없거나 4인 이상인 경우, 표제를 기본표목으로 선정한다.

④ 국제목록원칙규범에서는 서지데이터와 전거데이터를 검색하기 위한 접근점을 크게 제어형 접근점과 비제어형 접근점으로 구분하고 있다.

14 국제목록원칙규범에서 제시한 '목록의 목적과 기능'에 해당하지 않는 것은?

① 서지자원이나 에이전트를 식별하는 일

② 소장자료 중 서지자원을 탐색하는 일

③ 목록의 안팎을 항해하는 일

④ 저작과 표현형에 대한 접근점을 선정하는 일

15 KCR 제4판에서 단행본에 적용하지 않는 것만을 모두 고르면?

㉠ 판표시	㉡ 자료특성사항
㉢ 특정자료종별	㉣ 등록표제

① ㉠

② ㉡, ㉢

③ ㉢, ㉣

④ ㉡, ㉢, ㉣

16 IFLA의 ISBD(통합판)에 대한 설명으로 옳지 않은 것은?

① 수량, 크기, 딸림자료표시는 자료기술영역에 기술한다.

② 축적표시와 연속간행물의 권호는 자료 또는 자원유형특성영역에 기술한다.

③ 본표제, 표제관련정보, 부차적 판표시의 책임표시는 표제와 책임표시영역에 기술한다.

④ 내용형식과 매체유형영역은 첫 번째로 기술되는 영역이며, 통합판에 새로이 신설되었다.

17 KCR 제4판의 비도서자료 기술규칙에 대한 설명으로 옳은 것은?

① 도서를 마이크로자료로 복제한 복제본의 발행사항을 기술할 때 원본의 발행사항을 기술하고, 복제본의 발행사항은 주기한다.

② 화상자료와 영상자료의 책임표시에는 화가, 디자이너, 감독, 연출자, 연기자, 배우 등이 포함된다.

③ 원격접근 전자자료의 형태사항에는 '온라인자원'으로 기술한다.

④ 녹음자료의 경우 녹음된 내용이 동일하나 원판이 다를 때는 별도의 판으로 취급한다.

---

13 ② 저자명과 표제만 기본표목이 될 수 있다. 주제명과 분류기호는 부출한다.

14 국제목록원칙규범에 따른 목록의 목적과 기능
  ㉠ 자원의 속성이나 관계를 이용하여 탐색한 결과로서 소장자료 중 서지자원을 탐색하는 일
  ㉡ 서지자원이나 에이전트를 식별하는 일
  ㉢ 이용자의 요구에 적합한 서지자원을 선정하는 일
  ㉣ 기술된 개별자료를 입수, 혹은 접근을 확보하는 일
  ㉤ 목록의 안팎을 항해하는 일

15 ㉡ 자료특성사항 : 단행본, 고서·고문서, 화상 및 영상자료는 적용하지 않는다.
  ㉢ 특정자료종별 : 단행본에 대해서는 특정자료종별표시를 하지 않는다. 한 책으로 완결된 단행본에서는 쪽수나 장수를 기재하고, 두 책 이상으로 이루어진 다권본을 종합기술할 경우 권책수를 기재함을 원칙으로 한다.
  ㉣ 등록표제 : 연속간행물에 적용한다.

16 ③ 본표제, 대등표제, 표제관련정보, 책임표시는 표제 및 책임표시사항 영역에 기술한다. 판표시, 대등판표시, 특정판의 책임표시, 부차적 판표시, 부차적 판의 책임표시는 판사항 영역에 기술한다.

17 ① 복제본은 복제된 마이크로자료의 발행이나 배포에 관한 사항을 기술하고, 원본에 관한 사항은 주기한다.
  ② 연기자, 배우는 화상자료와 영상자료의 책임표시에 포함되지 않는다.
  ③ 원격접근 전자자료는 일반적으로 형태사항을 기술하지 않지만, 해당 자료의 형태와 수량을 파악할 수 있을 경우 필요한 사항을 기술한다.

18 KORMARC 형식(통합서지용, 2014 개정판)의 서지레코드 디렉토리에 대한 설명으로 옳지 않은 것은?

① 리더 뒤에 나오는 것으로 어떤 필드가 어느 위치에 있으며 길이가 얼마인가를 지시해 주는 데이터가 기재된다.

② 각 표시기호에 대해서 한 개씩의 디렉토리 항목이 만들어지며 이 항목은 표시기호, 필드길이, 필드시작위치 등 3부분으로 편성된다.

③ 디렉토리 항목은 24자리를 한 단위로 하며, 한 레코드에서 디렉토리 항목의 수는 입력된 표시기호 수와 동일하다.

④ 디렉토리는 시스템이 자동 생성하는데, 자신의 표시기호, 지시기호, 식별기호를 갖지 않으며 끝에는 필드종단기호를 갖는다.

19 한국문헌번호 ISBN 978-89-364-6133-1 73810에 대한 설명으로 옳은 것은?

① 978은 국제ISBN관리기구에서 배정한 국별번호이다.

② 364는 한국도서관협회의 한국문헌번호센터가 배정한 발행자번호이다.

③ 6133은 발행자가 발행하는 서명이나 판의 일련번호순으로 부여한다.

④ 73810은 부가기호로 앞부분의 738은 KDC 분류기호를 나타낸다.

18 ③ 디렉터리 항목은 12자리를 한 단위로 하며, 한 레코드에서 디렉터리 항목의 수는 입력된 표시기호 수와 동일하다.

※ **디렉터리의 정의와 범위** … 디렉터리는 리더 뒤에 나오는 것으로 어떤 필드가 어느 위치에 있으며 길이가 얼마인가를 지시해 주는 데이터가 기재된다. 각 표시기호에 대해서 한 개씩의 디렉터리 항목(Directory Entries)이 만들어지며 이 디렉터리 항목은 표시기호, 필드길이, 필드시작위치 세 부분으로 편성된다. 디렉터리 항목은 12자리를 한 단위로 하며, 한 레코드에서 디렉터리 항목의 수는 입력된 표시기호 수와 동일하다. 디렉터리는 시스템이 자동 생성하는데, 자신의 표시기호, 지시기호, 식별기호를 갖지 않으며 끝에는 필드종단기호(ASCII 1E16)를 갖는다.

19 ① 978은 접두부로 국제상품코드협회에서 부여한다.
② 364는 국립중앙도서관 한국문헌번호센터가 배정한 발행자번호이다.
④ 73810은 부가기호로 독자대상기호, 발행형태기호, 내용분류기호로 구성된다.

※ ISBN과 부가기호의 구성

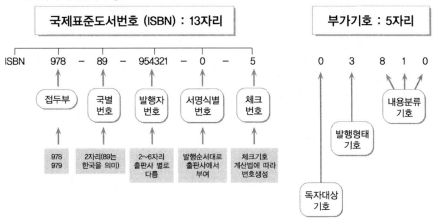

20 다음은 메타데이터 표준의 하나인 MODS를 이용하여 기술한 레코드의 일부분이다. ㉠, ㉡에 들어갈 요소로 옳은 것은?

〈titleInfo〉
　〈title〉건축학편람〈/title〉
〈/titleInfo〉
〈name type="personal"〉
　〈namePart〉고만영〈/namePart〉
　〈role〉
　　〈roleTerm type="text"〉편저〈/roleTerm〉
　〈/role〉
〈/name〉
〈 ㉠ 〉텍스트〈/ ㉠ 〉
〈genre〉편람〈/genre〉
〈 ㉡ 〉
　〈place〉
　　〈placeTerm type="text"〉서울〈/placeTerm〉
　〈/place〉
　〈publisher〉구미무역〈/publisher〉
　〈dateIssued〉2012〈/dateIssued〉
〈/ ㉡ 〉

	㉠	㉡		㉠	㉡
①	mediaType	source	②	typeOfResource	originInfo
③	format	originInfo	④	format	source

20 MODS와 DC의 비교

MODS	DC	MODS	DC
titleInfo	Title	targetAudience	Audience
name	Creator	subject, classification	Subject
	Contributor	relatedItem	Relation
typeOfResource	Type	identifier	Identifier
originInfo	Publisher	accessCondition	Right
	Date	genre	
language	Language	location	
physicalDescription	Format	part	
abstract, tableOfContents, note	Description	extention	
		recordInfo	

정답 및 해설 20.②

1 〈보기〉의 빈 칸에 들어갈 가장 알맞은 용어를 모두 고른 것은?

> 〈보기〉
> 개념 분석을 통해 자료의 내용을 이해한 후에는 자료에 나타난 주제를 언어나 기호로 변환해야 한다. 이때 통제 어휘집을 사용하여 ___㉠___을/를 부여하거나, 서가상에서 상대적인 자료의 위치를 결정하기 위해 ___㉡___을/를 부여할 수 있다.

	㉠	㉡
①	키워드	저자표목
②	분류기호	주제명표목
③	저자표목	키워드
④	주제명표목	분류기호

2 청구 기호를 구성하는 저자기호에 대한 설명으로 가장 옳지 않은 것은?

① 일반적으로 저자기호는 영미목록규칙(AACR2R)의 표목 선정기준을 차용하여 생성된다.
②「LCC저자기호표」는 후조합식 기호표이며, 상대적 기호가 아닌 고정적 기호로 생성된다.
③ 대표적인 조합식 저자기호법에는 리재철의「한글순도서기호법」과「LCC저자기호표」등이 있다.
④ 장일세의「동서저자기호표」, Cutter-Sanborn 저자기호표 등은 대표적인 열거식 저자기호법이며, 전조합식 기호표이다.

3 한국목록규칙(KCR) 제4판의 기술의 정보원에 대한 설명으로 가장 옳지 않은 것은?

① 자료 유형별 기술정보원의 우선순위는 KCR4 기술총칙에 종합적으로 규정되어 있다.
② 영인본이나 복제본은 원칙적으로 원자료가 아닌 복제본 자체에서 정보원을 선정한다.
③ 으뜸정보원 이외에서 얻은 정보는 각괄호에 묶어 기술해야 한다.
④ 기술사항별로 그 으뜸정보원을 잡아, 그에 준거하여 기술해야 한다.

4 콜론분류법(Colon Classification : CC)에 대한 설명으로 가장 옳지 않은 것은?

① 모든 가능한 주제를 미리 전개해 놓은 열거식 분류이다.

② 랑가나단(Ranganathan)의 분류 3단계 이론과정에 근거한다.

③ 분석합성식(analytico-synthetic classification) 분류 체계이다.

④ 주제 간의 계층관계나 지식의 분화과정은 물론, 관련 주제 간의 결합력이 우수하다.

---

1 ㉠ 통제 어휘집은 표준화된 용어를 열거한 어휘 목록으로, 색인 작성의 일관성과 통일성을 높이고 검색 효율을 증진시키는 데 사용하기 위한 도구이다. 주제명표목, 시소러스 등이 이에 해당한다. 일반적으로 용어 간의 관계도 포함한다. '주제명 표목'이나 '시소러스'는 통제 어휘집의 일종이다.
㉡ 서가상에서 상대적인 자료의 위치를 결정하기 위해서는 분류기호를 부여할 수 있다.

2 ② 분석합성식 저자기호법은 저자명에 해당하는 문자 또는 숫자를 미리 배분된 기호표에서 찾아 이를 조합하는 방법으로, 기호가 조합되기 전이라는 점에서 후조합식이라고 할 수 있다. LC Cutter Table은 사용하기 쉬운 장점이 있지만 기호의 중복에 따라 정확한 알파벳순 배열이 곤란한 경우가 발생할 수 있어 기존에 부여된 저자기호를 확인하면서 기호를 부여해야 하는(→상대적) 단점이 있다.

3 ① 자료 유형별로 적용되는 기술정보원의 우선순위는 제2장 이하의 각 장에서 별도로 규정한다.

4 ① 콜론분류법은 주제를 미리 전개해 놓은 열거식 분류와 달리 주제를 다면적으로 분석하여 기호화함으로써 모든 주제가 갖고 있는 특성을 표현할 수 있는 분석합성식 분류이다.

정답 및 해설 1.④ 2.② 3.① 4.①

5 〈보기〉의 분류대상을 듀이십진분류법(DDC) 제23판을 적용하여 가장 옳게 분류한 것은? (단, 〈보기〉를 통해 판단할 수 있는 사항 외에 별도의 예외 사항은 없는 것으로 간주함.)

〈보기〉

〈분류대상〉

"Reviews of works for public library publications"

〈DDC 제23판 일부 발췌〉

027   General libraries and archives

027.1 Private and family libraries

027.2 Proprietary libraries

027.3 Rental libraries

027.4 Public libraries

028   Reading and use of other information media

028.1 Reviews

028.16 Reviews of works for specific kinds of users

       Add to base number 028.16 the numbers

        following 011.6 in 011.62–011.67

011.6 General bibliographies and catalogs of works for young people and people with disabilities; for specific types of libraries

011.62 Works for young people

011.63 Works for people with disabilities and illnesses

011.67 Works for specific types of libraries

       Including bibliographies and catalogs of books for public libraries

---

① 027.416

② 027.4167

③ 028.1667

④ 028.167

6 한국십진분류법(KDC) 제6판을 이용한 전기(傳記) 분류에 대한 설명으로 가장 옳은 것은?

① 문학, 철학, 음악가 등의 전기는 그 주제 아래 분류하는 것보다 전기류에 모아 분류하는 것이 더 좋다.

② 전기적 성격의 인명록은 표준구분 기호 −06을 부기하며, 전기적 성격의 일기는 문학류의 일기, 서간으로 분류한다.

③ 역사류 아래 전기에 모으지 않고 해당 주제에 −099를 붙여 분류하나, 도서관에 따라 별법으로 990 아래 분류할 수 있다.

④ 장서가 많은 대규모 전문도서관의 경우, 전기는 해당 주제 아래 분산되어 분류하는 것보다 역사류에 함께 분류하는 것이 좋다.

---

5 028.16 + ~~011.67~~ → 028.167

6 ① 전기의 대상이 되는 피전자의 주제 배경이 문학, 철학, 음악가 등일 경우 전기류에 모아 분류하는 것보다 해당 주제 아래 전기로 분류하는 것이 더 좋다.
  ② 전기적 성격의 인명록은 표준구분 기호 −099를 부기하며, 전기적 성격의 일기는 그 사람의 전기 아래에 분류한다.
  ④ 장서가 많은 대규모 전문서관의 경우, 전기는 역사류에 함께 분류하는 것보다 해당 주제 아래 분산하여 분류하는 것이 좋다.

정답 및 해설 5.④ 6.③

7 RDA(Resource Description and Access)에 따라 MARC 레코드로 작성된 〈보기〉의 문헌에 대한 설명으로 가장 옳은 것은?

〈보기〉

100 1	‡a Grisham, John, ‡e author.
245 1 0	‡a Camino Island / ‡c John Grisham.
264 1	‡a New York : ‡b Doubleday, ‡c 2017.
336	‡a text ‡b txt ‡2 rdacontent
337	‡a computer ‡b c ‡2 rdamedia
338	‡a online resource ‡b cr ‡2 rdacarrier
776 0 8	‡i Print version: ‡z 9781473663732 ‡z 1473663733

① 336 필드는 내용유형으로, 이 문헌이 문자자료로 표현되었음을 나타내며, 리더/06(레코드 유형)과 함께 사용된다.

② 337 필드는 수록매체유형으로, 이 문헌이 컴퓨터매체에 수록되었음을 보여준다.

③ 338 필드는 매체유형으로, 이 문헌이 온라인정보원임을 보여준다.

④ 776 필드는 자료형태유형으로, 이 문헌이 인쇄본임을 보여 준다.

8 분류목록에 대비되는 주제명목록의 특징에 대한 설명으로 가장 옳은 것은?

① 자료의 주제를 일정 틀에 따라 표목으로 변환한다.

② 자모순 배열로 인해 새로운 주제를 삽입하기 어렵다.

③ 용어에 관계없이 개념의 계통에 따라 접근할 수 있다.

④ 동일주제라도 취급관점에 따라 다른 기호로 나타난다.

9 온라인열람목록에 대한 설명으로 가장 옳지 않은 것은?

① 저자와 주제명에 대한 상호참조가 용이하다.

② 접근점의 확장이나 다양한 탐색기법을 적용할 수 있다.

③ 기술대상 자료에 대해 복수의 저록을 작성한다.

④ 서지정보망의 주된 목록으로 사용된다.

10 한국목록규칙(KCR) 제4판의 표제와 책임표시사항에 기술된 책임표시의 범위에 원칙적으로 포함되는 것으로 가장 옳은 것은?

① 작곡자, 편집자, 애니메이터

② 애니메이터, 제작자, 번역자

③ 각색자, 역자, 애니메이터

④ 후원자로서의 단체, 각색자, 역자

---

7 ② 337 필드는 매체유형으로, 이 문헌이 컴퓨터매체에 수록되었음을 보여준다.

③ 338 필드는 수록매체유형으로, 이 문헌이 온라인정보원임을 보여준다.

④ 776 필드는 기타형태저록으로, 이 문헌이 인쇄본으로도 발행됨을 보여준다.

8 ② 주제명목록은 새로운 주제를 바로 주제명으로 수용하여 삽입하기가 쉽다.

③ 주제명목록은 관련 주제가 분산되지 않도록 세목이나 도치형을 사용한다.

④ 분류목록의 특징에 대한 설명이다.

9 ③ 카드목록에 대한 설명이다.

10 원칙적으로 책임표시는 본문의 저작자나 원작자를 범위로 한다. 일반적으로 책임표시의 범위에 포함되는 인명이나 단체명에는 그 저작에서의 역할어가 기재되어 있는 것이 보통이다.

• 저작자나 편(찬)자, 작곡자, 화가, 제작자, 역자, 각색자

• 단체의 종합의지 또는 행정자료 등에서는 해당 단체

• 후원자로서의 단체

정답 및 해설 7.① 8.① 9.③ 10.④

11 〈보기〉는 영상자료의 서지레코드이다. 괄호 안에 들어갈 코드끼리 가장 옳게 짝지어진 것은?

〈보기〉

245	▼a(KBS 스페셜)한국 교육, 세계 1위?
	▼(㉠)[비디오 녹화자료]/▼dKBS미디어[편]
260	▼a서울 : ▼bKBS미디어, ▼c2005
(㉡)	▼a비디오디스크 1매(60분) : ▼bNTSC, 천연색, 디지털, 스테레오 ; ▼c12 cm
500	▼a본 표제는 표제화면의 표제임
(㉢)	▼a시스템조건 : Window 98/2000/ME/XP; 500MHSz 이상 CPU ; 16배속 이상 DVD-ROM드라이브
653	▼aKBS스페셜▼a한국교육▼a한국교육문제▼a교육▼a교육정책
710	▼aKBS미디어

	㉠	㉡	㉢		㉠	㉡	㉢
①	c	300	538	②	c	338	516
③	h	300	538	④	h	338	516

12 문헌을 분류하기 위해 주제분석을 할 경우 참고로 하는 문헌의 정보원에 대한 설명으로 가장 옳지 않은 것은?

① 일반교양도서나 문학작품, 학제적 성격이 강한 자료의 표제는 문헌의 내용을 가장 적절하고 함축적으로 표현하고 있으므로 표제를 통해 정확한 주제를 알 수 있다.

② 표제가 자료의 내용을 비교적 명확하게 나타내고 있을지라도 반드시 내용목차를 통하여 확인할 필요가 있다.

③ 저자가 인용하거나 참고한 문헌을 확인하고 용어해설이나 색인 등을 파악하면 주제를 결정하는 데 도움이 된다.

④ 주석이나 번역서의 경우 해설은 특히 원전의 주제파악에 중요한 단서를 제공하고 있다.

13 도서기호에 대한 설명으로 옳은 것을 〈보기〉에서 모두 고른 것은?

〈보기〉

㉠ 청구기호의 구성요소 중에 하나이다.

㉡ 동일한 분류기호 내에서 각 도서를 개별화할 목적으로 부가하는 요소이다.

㉢ 저자(서명)나 출판연도 순서에 따라 일련번호를 부여하는 수입순 기호법이 있다.

㉣ 다권본으로 이루어진 총서 등의 경우 그 구분을 위해 표시하는 기호시스템이다.

① ㉠

② ㉠, ㉡

③ ㉠, ㉡, ㉢

④ ㉠, ㉡, ㉢, ㉣

---

11 ㉠ 자료유형 → ▼h

㉡ 형태사항 → 300

㉢ 시스템 사항에 관한 주기 → 538

12 ① 일반교양도서나 문학작품, 학제적 성격이 강한 자료의 표제는 문헌의 내용을 함축적으로 표현하고 있으므로 표제를 통해 정확한 주제를 알기 어렵다.

13 ㉠ 청구기호의 구성요소에는 별치기호, 분류기호, 도서기호, 부차적 기호가 있다.

㉡ 도서기호는 동일한 분류기호를 가진 도서를 개별화하고, 배열과 검색의 편의를 위해 순서를 정할 목적으로 부여되는 기호로, 수입순기호, 연대순기호, 저자기호법 등이 있다.

㉢㉣ 판차기호, 역자기호, 권호기호, 복본기호, 연도기호 등은 부차적 기호에 해당한다.

정답 및 해설 11.③ 12.① 13.②

14 통일표제에 대한 설명으로 가장 옳지 않은 것은?

① 한국목록규칙(KCR) 제4판에 명시된 규칙을 적용하여 작성하기는 어렵다.

② 전거통제 작업을 통해 전거레코드로 작성된다.

③ 한국문헌자동화목록(KORMARC)에서 통일표제 입력필드는 130 또는 240으로 지정되어 있다.

④ 다수의 저작으로 구성된 자료에서 각 저작마다 독립된 표제가 있고, 동시에 이들 자료 전체에 부여된 포괄적 표제를 의미한다.

15 〈보기〉는 MODS(Metadata Object Description Schema)를 적용하여 작성한 서지레코드의 일부이다. (㉠), (㉡), (㉢), (㉣)에 들어갈 내용으로 가장 옳은 것은?

〈보기〉

〈mods xmlns version="3.5"〉
〈titleInfo〉〈title〉깊고 푸른 밤〈/title〉
〈subTitle〉1994년도 제18회 이상문학상 작품집〈/subTitle〉
〈/titleInfo〉
〈㉠ type="personal"〉〈namePart〉최인호〈/namePart〉〈/㉠〉
〈㉡ 〉텍스트〈/㉡ 〉
〈㉢〉
〈place〉〈placeTerm type="text"〉서울〈/placeTerm〉〈/place〉
〈publisher〉문학사상사〈/publisher〉〈dateIssued〉2009----
〈/dateIssued〉〈/㉢〉
〈language〉〈languageTerm type="code"
objectPart="text"〉kor〈/languageTerm〉〈/language〉
〈physicalDescription〉〈extent〉361p. ; 22cm〈/extent〉
〈/physicalDescription〉
〈㉣〉깊고 푸른 밤; 포플라나무; 침묵은 금이다; 이 지상에서 가장 큰 집/ 崔仁浩. -未忘/ 金源一. 時間의 門/李淸俊. -술래 눈뜨다/ 全商國.〈/㉣〉

---

① ㉠ – creator

② ㉡ – Type

③ ㉢ – originInfo

④ ㉣ – Contributor

16 폭소노미(folksonomy)에 대한 설명으로 가장 옳지 않은 것은?

① 일반인들이 웹 사이트나 사진, 웹 링크 등 디지털 정보에 자유롭게 주제 태그를 부여한다.

② 주제를 부여하거나 태깅할 때 협업으로 수행되기도 한다.

③ 지식 및 자원의 발견에 유용하다.

④ 태깅의 특징으로 높은 정확성과 집중성을 들 수 있다.

---

14 ④ 종합표제에 대한 설명이다.

15 ㉠ name(저자정보)
　　㉡ typeOfResource(자료유형)
　　㉢ originInfo(출처정보)
　　㉣ tableOfContents(내용목차)
　　※ MODS의 상위요소

titleInfo	표제정보	note	주기사항
name	저자정보	subject	주제명
typeOfResource	자료유형	classification	분류기호
genre	장르	relatedItem	연관정보
originInfo	출처정보	identifier	식별자
language	언어정보	location	소재정보
physicalDescription	형태기술정보	accessCondition	접근조건)
abstract	요약정보	part	구성요소
tableOfContents	내용목차	extension	확장정보
targetAudience	이용대상자	recordInfo	레코드정보

16 ④ 폭소노미는 일반인들이 웹 사이트나 사진, 웹 링크 등 디지털 정보에 자유롭게 주제 태그를 부여는 태깅의 특징으로 검색의 정확성과 집중성에서 택소노미에 비해 효율이 떨어진다.

17 듀이십진분류법에서 복수의 주제를 다룬 문헌에 적용하는 분류규정이다. 옳은 것을 〈보기〉에서 모두 고른 것은?

〈보기〉

ⓐ 한 주제가 다른 것에 영향을 주는 경우, 영향을 준 주제에 분류함

ⓑ 두 개의 주제를 별개로 다루는 경우, 분류표 상에 먼저 위치한 분류기호에 분류함

ⓒ 상위 학문에서 파생된 3개 이상의 주제를 동등하게 다룬 경우, 분류표 상에 가장 나중에 위치한 분류기호에 분류함

ⓓ 주제에 대한 두 개의 가능한 분류기호 중 같은 계층에 0이 없거나 0이 더 적은 분류기호에 분류함

---

① ⓐ, ⓑ

② ⓐ, ⓒ

③ ⓑ, ⓒ

④ ⓑ, ⓓ

18 〈보기〉는 어니스트 헤밍웨이의 "The Old Man and The Sea"라는 소설을 예로 기술하였다. FRBR의 제1집단의 구현형(manifestation)에 해당하는 것을 〈보기〉에서 모두 고른 것은?

〈보기〉

ⓐ 프랑스어와 독일어로 번역

ⓑ DVD로 제작

ⓒ 한글번역본을 한실미디어 출판사에서 단행본으로 출판

ⓓ 35mm필름으로 제작되어 극장에서 상영

---

① ⓐ, ⓑ, ⓒ

② ⓐ, ⓑ, ⓓ

③ ⓐ, ⓒ, ⓓ

④ ⓑ, ⓒ, ⓓ

19 통합서지용 한국문헌자동화목록(KORMARC) 형식의 설계 원칙에 해당하지 않는 것은?

① 인쇄 또는 필사된 도서, 계속자료, 전자자료, 지도자료, 녹음자료, 시청각자료, 고서, 복합자료의 서지정보를 담을 수 있도록 설계되었다.

② 서지데이터에는 공통으로 자료의 표제, 책임표시, 판사항, 발행사항, 형태사항, 주제, 주기에 대한 정보를 포함하고 있다.

③ 전자자료(ER)는 컴퓨터 소프트웨어, 수치데이터, 컴퓨터 의존형 멀티미디어, 평면영사자료, 온라인시스템 또는 온라인서비스 등 부호화된 전자 정보원이 해당된다.

④ 서지레코드는 리더/06(레코드 유형)의 구분부호에 의해 여러 종류의 레코드로 나뉜다.

20 우리나라의 출판시도서목록(CIP) 제도에 대한 설명으로 가장 옳은 것은?

① ISBN번호를 부여받지 않은 출판물은 CIP를 신청할 수 없다.

② 석ㆍ박사학위논문과 점자출판물은 CIP 부여 제외 대상이다.

③ CIP 정보는 KORMARC 통합서지용 025 필드에 기술한다.

④ 동일 서명으로 2책 이상으로 간행되는 저작물은 1개의 CIP를 신청한다.

---

17 ㉠ 한 주제가 다른 것에 영향을 주는 경우, 영향을 받은 주제에 부류함
　　㉢ 상위 학문에서 파생된 3개 이상의 주제를 동등하게 다룬 경우, 분류표 상에 가장 처음에 위치한 분류기호에 분류함

18 ㉠ 표현형, ㉡㉢㉣ 구현형

19 ③ 전자자료(ER)는 컴퓨터 소프트웨어, 수치데이터, 컴퓨터 의존형 멀티미디어, 온라인시스템 또는 온라인서비스 등 부호화된 전자 정보원이 해당된다. 평면영사자료는 시청각자료(VM)에 해당된다.

20 ① ISBN번호를 부여받지 않은 출판물도 CIP를 신청할 수 있다.
　　③ CIP 정보는 KORMARC 통합서지용 023 출판예정도서목록제어번호 필드에 기술한다.
　　④ 동일 서명으로 2책 이상으로 간행되는 저작물은 2개의 CIP를 신청해야 한다.

정답 및 해설 17.④ 18.④ 19.③ 20.②

1 KDC 제6판 300(사회과학)의 하위주제에 해당하는 것은?

① 국가 및 정치윤리

② 발달심리학

③ 예절

④ 가정관리

2 KDC 제6판을 적용하여 일본의 현대소설 『낯선 나날들: 무라카미류의 장편소설』을 분류할 때, 조합과정과 분류기호가 옳은 것은?

① 830(일본문학) + −3(문학형식: 소설) + −6(시대: 현대) → 833.6

② 830(일본문학) + −3(문학형식: 소설) + −6(시대: 현대) → 830.36

③ 830(일본문학) + −6(시대: 현대) + −3(문학형식: 소설) → 836.3

④ 830(일본문학) + −6(시대: 현대) + −3(문학형식: 소설) → 830.63

3 KDC 제6판의 총류 중 주제를 언어별로 구분하기 위해 700(언어)의 항목 전개를 반영하거나 조합하도록 지시된 것만을 모두 고르면? (단, 요목까지만 적용함)

㉠ 020	㉡ 030
㉢ 050	㉣ 060

① ㉠, ㉡

② ㉡, ㉢

③ ㉢, ㉣

④ ㉠, ㉣

4 KDC 제6판의 일부를 발췌한 것이다. 이를 적용한 『한국의 교육행정과 정책』의 분류기호는?

370　교육학(教育學) Education

　　　370.1-.9는 표준구분에 따라 세분한다.

　　.9　교육사, 각국 교육

　　　　지역구분표에 따라 세분한다.

371　교육정책 및 행정　Policy and administration of education

　　.01　교육정책의 일반이론

　　.06　교육위원회

　　.9　교육재정

지역구분표

　-11　대한민국(大韓民國)　Korea

---

① 370.911

② 371.0911

③ 371.11

④ 371.911

1　③ 풍속, 예절, 민속학 380 > 예절 385
　　① 윤리학, 도덕철학 190 > 국가 및 정치윤리 193
　　② 심리학 180 > 발달심리학 183
　　④ 생활과학 590 > 가정관리 및 가정생활 591

2　문학작품의 분류기호는 언어, 형식, 시대 순으로 한다.
　　830(일본문학) + -3(문학형식 : 소설) + 6(시대 : 현대) → 833.6

3　KDC 제6판 총류 중 주제를 언어별로 구분하기 위해 700(언어)의 항목전개를 반영하거나 조합하도록 지시된 것은 030(백과사전), 040(강연집, 수필집, 연설문집), 050(일반 연속간행물. 080(일반 전집, 총서)이다.

4　『한국의 교육행정과 정책』이므로 371 교육정책 및 행정에 분류한다.
　　371(교육정책 및 행정) + 09(∵ 지역구분 지시 없음) + -11(대한민국) → 371.0911
　　하고, 지역구분이 없으므로 0

정답 및 해설　1.③　2.①　3.②　4.②

5 각 분류표에 대한 설명으로 옳은 것만을 모두 고르면?

> ㉠ NDC와 DDC의 주류 순서는 동일하다.
> ㉡ CC의 5개 기본범주 중 Energy는 활동, 작용, 공정 등을 나타낸다.
> ㉢ UDC는 H. La Fontaine과 P. Otlet이 개발한 분류표로 현재는 UDC Consortium에 의해 관리되고 있다.
> ㉣ LCC는 각 권의 분류표가 주제전문가에 의해 개발되고 있어 범위주기가 DDC에 비해 더 상세하게 제시되어 있다.

① ㉠, ㉡   ② ㉡, ㉢
③ ㉢, ㉣   ④ ㉡, ㉢, ㉣

6 DDC 제23판에서 동일 학문에 속하는 둘 이상의 주제를 다루는 자료를 분류할 때의 설명으로 옳지 않은 것은?

① 기호법의 계층구조상 동일한 위치에 있는 '0'과 '1-9' 가운데 선택할 경우, '0'으로 시작되는 세목에 분류한다.
② 두 주제를 동등하게 다루고 있는 자료의 경우, 분류표상 앞에 위치한 주제에 분류한다.
③ 영향이나 인과관계를 다루고 있는 자료의 경우, 영향을 받은 주제 또는 결과에 해당하는 주제에 분류한다.
④ 동일한 상위주제의 세목에 해당하는 셋 이상의 주제를 다루고 있는 자료의 경우, 어느 한 주제를 더 완전하게 다루고 있지 않는 한 이 세목을 포괄하는 첫 번째 상위주제에 분류한다.

7 DDC 제23판을 적용하여 다음을 분류할 때, 분류표에 배치된 기호의 순서대로 바르게 나열한 것은?

> ㉠ 스페인어 기초 문법
> ㉡ 제주도방언연구
> ㉢ 독일어 어원 연구
> ㉣ 바르셀로나 지방의 방언 연구
> ㉤ 일본어 문법 해설

① ㉠→㉣→㉢→㉤→㉡
② ㉠→㉣→㉤→㉡→㉢
③ ㉢→㉠→㉣→㉤→㉡
④ ㉢→㉠→㉣→㉡→㉤

---

5 ㉠ NDC와 DDC의 주류 순서는 서로 다르다.
㉣ LCC 범위주기가 DDC에 비해 간략하게 제시되어 있다.

6 ① DDC에서는 한 자료를 분류할 때 2가지의 분류기호 부여가 가능할 경우 '0'을 수반하지 않거나 '0'을 최소한으로 수반하는 분류기호를 우선시한다. 이를 제로규칙(rule of zero)이라고 한다.

7 ㉠ 스페인어 기초 문법 465
㉡ 제주도방언연구 495.77
㉢ 독일어 어원 연구 432
㉣ 바르셀로나 지방의 방언 연구 467
㉤ 일본어 문법 해설 495.65
따라서 순서는 ㉢→㉠→㉣→㉤→㉡

8 DDC 제23판의 일부를 발췌한 것이다. 이를 적용하여 물리학자의 전기인 『퀴리부인의 발자취』의 분류기호로 옳은 것만을 묶은 것은?

---

530 Physics

.02 Miscellany

.1 Theories and mathematical physics

.4 States of matter

920 Biography, genealogy, insignia

Class biography of people associated with a specific subject with the subject, plus notation 092 from Table 1, e.g., biography of chemists 540.92

(Option B: Class individual biography in 92 or B; class collected biography in 92 or 920 undivided)

(Option C: Class individual biography of men in 920.71; class individual biography of women in 920.72)

---

① 530.092, 92, 920.72

② 530.92, 92, 920.71

③ 530.92, B, 920.72

④ 530.092, B, 920.71

9 녹음자료를 대상으로 KCR 제4판과 KORMARC 형식(통합서지용, 2014 개정판)을 적용한 서지레코드의 일부이다. ⊙, ⓒ에 들어갈 표시기호로 옳은 것은? (단, 지시기호와 띄어쓰기, 필드 종단기호는 적용하지 않음)

245　▾a굿풍류▾h[녹음자료] / ▾d국립국악원 민속악단 연주

(⊙)　▾a피리: 최경만, 황광엽 ; 대금: 길덕석, 원완철 ; 해금: 김정림, 김지희 ; 거문고: 원장현, 한인택 ; 아쟁: 김영길, 윤서경 ; 장고: 김청만

(ⓒ)　▾a2005년 11월 24일 국립국악원 민속악단 정기연주회의 공연 실황 녹음

	⊙	ⓒ
①	508	518
②	508	546
③	511	518
④	511	546

10 Cutter–Sanborn 세 자리 저자기호표의 일부를 발췌한 것이다. 이를 적용한 『The Stories of Unbelievable Experiences』(by Edwards Hemington)의 도서기호는?

24	Edm	Gilm	486	Helw
25	Edw	Gilman	487	Hem
26	Edwards	Gilmo	488	Heme
27	Ef	Gilp	489	Hemm
28	Eg	Gim	491	Hemp

① E26s　　　　　　　　　　② E26t

③ H488s　　　　　　　　　　④ H488t

11 KDC 제6판과 DDC 제23판에서 밑줄 친 분류기호의 의미가 다른 것은?

	KDC 제6판	DDC 제23판
①	081.4	052
②	071.1	915.19
③	808.3	808.3
④	748	428

8 • 530 아래 .02 Miscellany를 볼 때 표준구분 자리수가 0.0 →530.092
　• Option B : Class individual biography in 92 or B→92 또는 B 모두 가능
　• Option C : class individual biography of women in 920.72→920.72

9 ㉠ 511 연주자와 배역진 주기
　㉡ 518 촬영/녹음 일시와 장소 주기

10 저자의 성 첫 글자인 H+488(Edwards)+표제의 the 생략 후 첫 글자 s→H488s

11 ④ 방언 – 표준용법

정답 및 해설 8.① 9.③ 10.③ 11.④

12 KCR 제4판과 KORMARC 형식(통합서지용, 2014 개정판)을 적용하여 다음 자료에 대한 서지 레코드를 작성할 때, 필드의 기술이 옳은 것은? (단, 지시기호와 띄어쓰기, 필드종단기호는 적용하지 않음)

〈표제면〉	〈판권기〉
메이즈 러너 시리즈 제Ⅱ권 **스코치 트라이얼** 제임스 대시너 지음 공보경 옮김 ㈜문학수첩	Original Title: Scorch Trials 스코치 트라이얼 2012년 7월 5일 초판 1쇄 발행 2014년 8월 1일 초판 2쇄 발행 지은이: 제임스 대시너 옮긴이: 공보경 펴낸곳: ㈜문학수첩 주　소: (413120) 경기도 파주시 회동길 192 ISBN 978-89-839-2449-0　정가 14,800원

① 022　▼a978-89-839-2449-0 : ▼c₩14800

② 245　▼a스코치 트라이얼 = ▼xScorch trials / ▼d제임스 대시너 지음, ▼e공보경 옮김

③ 260　▼a파주 : ▼b문학수첩, ▼c2014

④ 490　▼a메이즈 러너 시리즈 ; ▼v제2권

13 KORMARC 형식(통합서지용, 2014 개정판)으로 작성한 서지레코드의 일부이다. ㉠~㉢에 들어갈 주제명부출표목의 표시기호로 옳은 것은? (단, 주제명부출표목의 체계는 국립중앙도서관 주제명표에 따르는 것으로 한다)

245	10	▼a꽃으로 피기보다 새가 되어 날아가리 : ▼b김만덕 일대기 / ▼d정창권 지음
260		▼a서울 : ▼b푸른숲, ▼c2006
(㉠)	8	▼a여성 인물
(㉡)	8	▼a제주▼x역사
(㉢)	18	▼a김만덕▼v전기

	㉠	㉡	㉢
①	630	610	650
②	630	651	650
③	650	610	600
④	650	651	600

---

12 ① 022　▼a9788983924490 : ▼c₩14800
　　② 245　▼a스코치 트라이얼 / ▼d제임스 대시너 지음 ; ▼e공보경 옮김 (Scorch Trials는 대등표제가 아니라 원표제, 공보경 역할이 다른 책임표시)
　　③ 260　▼a파주 : ▼b문학수첩, ▼c2012

13 ㉠ 650 주제명부출표목 – 일반주제
　　㉡ 651 주제명부출표목 – 지명
　　㉢ 600 주제명부출표목 – 개인명

정답 및 해설 12.④　13.④

14 KCR 제4판을 적용할 때, 자료에 나타난 각 기술요소의 서지기술이 옳은 것은? (단, 띄어쓰기는 적용하지 않음)

① 판권기에 "檀紀4278年, 昭和20年"으로 나타남
　　발행년도에 → 檀紀4278[昭和20]

② 표제면에 "무애 양주동 박사 지음"으로 나타남
　　책임표시에 → 양주동 박사 지음

③ 표제프레임에 "아리랑(1926년 개봉작)"으로 나타남
　　자료유형표시에 → [영상자료]

④ 용기에 "CD-ROM 1매"로 나타남
　　특정자료종별과 수량에 → 전자 광디스크 (CD-ROM) 1매

15 KCR 제4판과 KORMARC 형식(통합서지용, 2014 개정판)을 적용하여 다음 연속간행물에 대한 서지레코드를 작성할 때, 옳지 않은 것은? (단, 지시기호와 띄어쓰기, 필드종단기호는 적용하지 않음)

- 본표제는 『統一問題研究』임
- 제1권 (1989년 봄)부터 제20권 (1993년 겨울)까지는 국토통일원에서, 제21권 (1994년 봄)부터 현재까지는 平和問題研究所에서 발행함
- 제1권 (1989년 봄)부터 제24권 (1994년 겨울)까지는 1년에 4회(계간), 제25권 (1995년 6월)부터 현재까지는 1년에 2회(반년간) 발행됨
- 대외비자료로 일반이용자의 이용을 제한함

---

① 260　　▼a서울 : ▼b국토통일원 : ▼b平和問題研究所, ▼c1989-

② 321　　▼a계간, ▼b제1권 (1989년 봄)-제24권 (1994년 겨울)

③ 362　　▼a제1권 (1989년 봄)-

④ 506　　▼a대외비자료임

16 더블린코어 메타데이터 요소와 그 한정어(인코딩 스킴)의 연결이 옳지 않은 것은?

① Subject — LCSH

② Format — IMT

③ Identifier — URI

④ Date — DCMI Type Vocabulary

---

14 ① 발행년도에 → 檀紀4278[1945] (서기 표시)
  ② 책임표시에 → 양주동 지음
  ③ 자료유형표시에 → [영화], [비디오녹화자료]

15 ① 260 필드에는 저작의 발행, 인쇄, 배포, 이슈, 발표, 제작 등과 관련된 정보를 기술한다. 최초 발행처로 목록을 한 후 변경 내용에 대해서는 260 필드를 수정하지 않고 별도로 기술한다. 따라서 260 ▼a서울 : ▼b 국토통일원, ▼c1989-
  ※ 260 필드의 제1지시기호 – 발행사항의 순차
   ㉠ b/ – 적용 불가/해당정보 없음/최초 발행처 : 발행에 대한 정보가 제공되지 않거나 적용이 불가 또는 최초 발행처인 경우 적용한다.
   ㉡ 2 – 중간발행처(Intervening publisher) : 적용하는 발행처가 발행처의 변경으로 최초 발행처와 최근 발행처 사이의 중간발행처인 경우 적용한다.
   ㉢ 3 – 현행/최근 발행처 : 적용하는 발행처가 발행처의 변경으로 현행 또는 최근 출판사인 경우 적용한다.

16 ④ DCMI Type Vocabulary은 Type의 요소이다.

정답 및 해설 14.④ 15.① 16.④

17 〈보기 1〉과 〈보기 2〉는 서지적으로 관련 있는 자료이다. KORMARC 형식(통합서지용, 2014 개정판)을 적용하여 해당 자료와 관련 자료 사이의 서지적 관계를 기술할 때, ㉠과 ㉡에 들어갈 연관저록 필드는? (단, 지시기호와 띄어쓰기, 필드종단기호는 적용하지 않음)

〈보기 1〉

245	▼a국회도서관 / ▼d국회도서관 [편]
260	▼a서울 : ▼b국회도서관, ▼c2011-
(㉠)	▼t국회도서관보 ▼g제1권 제1호 (1964년 4월)-제48권 제8호 (2011년 8/9월)

〈보기 2〉

245	▼a국회도서관보 / ▼d국회도서관 [편]
260	▼a서울 : ▼b국회도서관, ▼c1964-2011
(㉡)	▼t국회도서관 ▼g제48권 제9호 (2011년 10월)-

	㉠	㉡		㉠	㉡
①	760	762	②	765	767
③	770	772	④	780	785

18 RDA에 대한 설명으로 옳지 않은 것은?

① RDA는 FRBR, FRAD, FRSAD 모형을 기반으로 하고 있다.

② RDA는 ISBD의 구분기호와 요소 배열을 그대로 유지하면서, 구문적 측면과 의미적 측면의 규칙을 함께 다루고 있다.

③ RDA에서는 AACR2R에서 사용해 온 자료유형표시 대신에, 자료의 물리적 측면인 매체유형과 수록매체유형, 그리고 내용적 측면인 내용유형으로 구분하고 있다.

④ RDA에서는 접근점을 특정 저작, 표현형, 개인, 가족, 단체를 나타내는 이름, 용어, 부호 등으로 정의하고, 전거형 접근점과 이형 접근점으로 구분하고 있다.

19 ISBD 통합판(2011)의 기술영역에 대한 설명으로 옳지 않은 것은?

① 제1영역은 본표제, 대등표제, 표제관련정보, 책임표시를 포함한다.

② 제5영역은 자료기술 영역으로 지도자료의 축척표시와 경위도 등을 포함한다.

③ 제8영역은 자원식별자, 등록표제, 입수조건 등을 포함한다.

④ 기술영역은 모두 9개 영역으로 구분되어 있다.

---

17 ㉠ 780 선행저록
　　㉡ 785 후속저록

18 ② RDA는 ISBD의 구분기호와 요소 배열을 구분하고, 구문적 측면과 의미적 측면의 규칙을 별개로 다루고 있다.

19 ② 지도자료의 축척표시와 경위도 등은 제3영역 자료나 자원유형 특성 사항에 포함된다.
　　※ ISBD 통합판(2011)의 기술영역

0	내용형식 및 매체유형 사항
1	표제 및 책임표시 사항
2	판 사항
3	자료나 자원유형 특성 사항
4	발행, 생산, 배포 등의 사항
5	자료기술 사항
6	총서 및 다권단행자원 사항
7	주기사항
8	자원식별자와 입수조건 사항

정답 및 해설 17.④ 18.② 19.②

20 KCR 제4판에 대한 설명으로 옳은 것만을 모두 고르면?

㉠ 표목의 선정과 형식은 전거에서 처리하도록 규정하고, 목록규칙에서는 이를 제외하였다.

㉡ 기술대상자료가 복제본이고 원본의 표제와 복제본의 표제가 다른 경우, 원본의 표제를 본표제에 기술한다.

㉢ 복합매체자료(예 : 어학교육용 녹음자료와 텍스트)는 주된 매체를 기술의 대상으로 한다.

㉣ 자료의 으뜸정보원에서 옮겨 적은 서지적 문구는 해당 자료에 쓰여진 그대로의 띄어쓰기를 원칙으로 하되, 이 원칙을 적용한 결과 오히려 의미 파악이 모호한 경우에는 띄어쓰기 관용을 허용한다.

---

① ㉠, ㉡

② ㉠, ㉡, ㉢

③ ㉠, ㉢, ㉣

④ ㉡, ㉢, ㉣

20 ㉡ 기술대상자료가 복제본이고 원본의 표제와 복제본의 표제가 다른 경우, 복제본의 표제를 본표제에 기술한다.

정답 및 해설 20.③

1 서양의 자료분류사에 대한 설명으로 가장 옳지 않은 것은?

① 게스너는 『세계서지(Bibliotheca Universalis)』를 완성하였는데, 철학을 예비적인 것과 기본적인 것으로 양분하고 25개 주제로 세분하였다.

② 베이컨의 학문분류는 보들레이안 도서관의 초창기분류, 역베이컨식인 해리스분류법, 제퍼슨문고의 분류에 영향을 주었다.

③ 해리스의 분류법은 분류기호와 도서기호를 서가배열, 목록배열, 대출과 반납에 사용한 최초분류법으로 인정받고 있다.

④ 카터는 모든 지식을 주제의 진화순서로 배치한 전개분류법을 제안하였다.

2 도서기호에 대한 설명으로 가장 옳지 않은 것은?

① 모든 자료에 특정적인 도서기호를 부여함으로써 상호 배타적인 청구기호를 구성하는 데 유리하다.

② 도서관 장서점검을 위한 식별요소에 해당한다.

③ 도서기호는 부여할 대상이 저자나 서명이기 때문에 분류 및 편목의 속성을 함축한다.

④ 자료의 배가위치를 결정하는 일차적인 기준인 동시에 순차적 배열을 가능하게 한다.

3 Cutter-Sanborn 세 자리 저자기호표(Three-Figure Author Table)에 관한 설명으로 가장 옳지 않은 것은?

① 서명이 표목으로 채택되는 자료는 서명(또는 통일서명)을 기호화하되, 첫 단어가 관사(불용어)일 때는 그 다음 키워드를 기호화한다.

② 전기자료는 저자의 성을 기호화하고, 대상인물인 피전자를 저작기호로 간주하여 부기한다.

③ 동일한 분류기호하에서 저자기호가 중복될 때는 숫자 '5'를 사용하여 저자기호를 적절히 조정한다.

④ 저자명 가운데, Mc, Mac, M'으로 시작되는 철자는 모두 Mac으로 취급한다.

---

1 ① '서지학의 아버지'라고도 불리는 콘트라 게스너는 1545년 라틴어, 그리스어, 히브리어 문헌 1만여 권을 목록화한 세계서지(Bibliotheca Universalis)를 완성하였다. 게스너는 세계서지에서 학문(철학)을 어학 4류, 수학 5류, 수식적인 것 4류, 기본적인 것 8류의 총 21개의 주류로 분류하였다.

※ 세계서지의 주제

1 문법, 언어학	8 천문학	15 형이상학
2 변증법	9 점성술	16 윤리학
3 수사학	10 복서(卜筮), 예지(豫智)	17 경제학
4 시학	11 지리학	18 정치학, 공민학, 군사학
5 산술	12 역사학	19 법학
6 기하학, 광학	13 공예학	20 의학
7 음악	14 물리학	21 기독교신학

2 ④ 자료의 배가위치를 결정하는 일차적인 기준은 분류번호이다. 도서기호는 이차적인 기준으로 동일한 분류항목 내에서 최종적인 배가위치를 결정한다.

3 ② Cutter-Sanborn 세 자리 저자기호표에서 전기자료는 전기의 대상인물인 피전자의 이름을 기호화하고, 저자명을 저작기호로 간주하여 부기한다.

정답 및 해설 1.① 2.④ 3.②

4 통합서지용 한국문헌자동화목록(KORMARC)의 설계원칙 중 형식의 범위에 대한 설명으로 가장 옳지 않은 것은?

① 도서(BK) : 단행자료의 특성을 가지고 있는 인쇄물, 필사본 그리고 마이크로자료를 말한다.

② 고서(RB) : 대한제국(1910) 이전에 간인(刊印), 필사(筆寫)된 동장본(東裝本)을 말한다.

③ 시청각자료(VM) : 인쇄, 필사 또는 마이크로자료 등 모든 형태의 음악자료와 음악 이외의 녹음자료가 포함된다.

④ 복합자료(MX) : 주로 여러 형태가 혼합되어 수집된 문서나 필사자료에 적용한다.

5 〈보기〉에서 밑줄 친 '최후수단표'의 순서로 옳은 것은?

〈보기〉
- 문헌이 하나 이상의 주제를 다루는 경우 분류기호는 도서관의 상황에 따라 결정해야 한다.
- DDC에서는 표준화를 위해 몇 가지 규칙을 제시하고 있는데 삼자포괄규칙, 적용규칙, 0의 규칙 등이다.
- 이러한 모든 규칙을 적용하기 어려운 경우는 <u>최후수단표</u>를 따른다.

---

① 사물의 종류(kinds) – 재료(materials) – 속성(properties) – 부분(parts) – 절차(processes) – 공정(operations) – 도구(instrumentalities)

② 사물의 종류(kinds) – 부분(parts) – 재료(materials) – 속성(properties) – 절차(processes) – 공정(operations) – 도구(instrumentalities)

③ 사물의 종류(kinds) – 절차(processes) – 부분(parts) – 속성(properties) – 재료(materials) – 공정(operations) – 도구(instrumentalities)

④ 사물의 종류(kinds) – 속성(properties) – 재료(materials) – 절차(processes) – 부분(parts) – 공정(operations) – 도구(instrumentalities)

4 ③ 음악/녹음자료(MU)에 대한 설명이다. 시청각자료(VM)는 평면영사자료, 평면비영사자료, 입체자료 및 실물자료와 키트가 포함된다.

※ 통합서지용 한국문헌자동화목록(KORMARC)의 설계원칙 중 형식의 범위

    ㉠ **도서(BK)** : 단행자료의 특성을 가지고 있는 인쇄물, 필사본 그리고 마이크로자료를 말한다.

    ㉡ **계속자료(CR)** : 종간을 예정하지 않고 시간적 간격을 두고 발행되는 서지적 자료를 말한다. 계속자료에는 연속간행물(serial)과 계속갱신자료(ongoing integrating resources)가 포함된다.

    ㉢ **전자자료(ER)** : 컴퓨터 소프트웨어, 수치데이터, 컴퓨터 의존형 멀티미디어, 온라인시스템 또는 온라인서비스 등 부호화된 전자 정보원이 해당된다.

    ㉣ **지도자료(MP)** : 인쇄, 필사 또는 마이크로자료 등 모든 형태의 지도로서 책자지도, 낱장지도, 구체(球體) 등이 포함된다.

    ㉤ **음악/녹음자료(MU)** : 인쇄, 필사 또는 마이크로자료 등 모든 형태의 음악자료와 음악 이외의 녹음자료가 포함된다.

    ㉥ **시청각자료(VM)** : 평면영사자료, 평면비영사자료, 입체자료 및 실물자료와 키트가 포함된다.

    ㉦ **고서(RB)** : 대한제국(1910) 이전에 간인(刊印), 필사(筆寫)된 동장본(東裝本)를 말한다.

    ㉧ **복합자료(MX)** : 주로 여러 형태가 혼합되어 수집된 문서나 필사자료에 적용한다.

5 DDC의 최후수단표(table of last resort) 순서

    ㉠ 사물의 종류(kinds)

    ㉡ 사물의 일부(parts)

    ㉢ 사물, 종류, 부분을 만드는 재료(materials)

    ㉣ 사물, 종류, 부분, 재료의 속성(properties)

    ㉤ 사물, 종류, 부분, 재료 내에서 이루어지는 절차(processes)

    ㉥ 사물, 종류, 부분, 재료에 대한 공정(operations)

    ㉦ 위의 작업을 수행하기 위한 도구(instrumentalities)

정답 및 해설 4.③ 5.②

6 한국십진분류법(KDC) 제6판에서 '언어'와 '문학'의 언어 구분은 〈보기〉와 같은 조기성을 갖는
다. ㉠과 ㉡에 들어갈 말을 순서대로 바르게 나열한 것은?

〈보기〉

	언어구분	언어	문학	(㉠)	강연집	(㉡)
-1	한국어	710	810	031	041	051
-2	중국어	720	820	032	042	052
-3	일본어	730	830	033	043	053
-4	영어	740	840	034	044	054
-5	독일어	750	850	035	045	055
-6	프랑스어	760	860	036	046	056
-7	스페인어	770	870	037	047	057
-8	이탈리아어	780	880	038	048	-

	㉠	㉡
①	일반학회	각국신문
②	백과사전	일반 연속간행물
③	일반학회	일반 연속간행물
④	백과사전	각국신문

7 〈보기〉는 KDC 제6판 본표와 보조표의 일부를 발췌한 것이다. 이를 이용하여 '경상도 방언'을 분류한 기호로 옳은 것은?

〈보기〉

710	한국어
718	방언(사투리)
.1–.9	각 지방의 방언

　　　　　　　　지역구분표 　–111–1199와 같이 세분한다.

지역구분표	–11	대한민국
	–118	경상도

---

① 718.1118

② 718.118

③ 718.18

④ 718.8

---

6 KDC 제6판 요목

000	총류
010	도서관학, 서지학
020	문헌정보학
030	백과사전
040	강연집, 수필집, 연설문집
050	일반 연속간행물
060	일반 학회, 단체, 협회, 기관, 연구관
070	신문, 저널리즘
080	일반 전집, 총서
090	향토자료

7 각 지방의 방언 .1–.9는 지역구분표와 같이 세분한다고 하였으므로,
718 + –118 → 718.8

8 듀이십진분류법(DDC) 제23판에서 〈보기〉와 같은 주기를 바탕으로 할 때 분류기호가 옳지 않은 것은?

〈보기〉

〉 721-729 specific aspects of architecture

    Add to each subdivision identified by * as follows:

       01-09 standard subdivisions

            ......

725.3 *Transportation, storage, agricultural buildings

        Subdivisions are added for transportation, storage, agricultural buildings together; for transportation buildings alone

725.31 *Railroad and rapid transit stations

----

*Add as instructed under 721-729

---

① 『History of Transportation, storage, agricultural buildings』 725.309

② 『Dictionary of Transportation buildings』 725.303

③ 『Dictionary of Storage Buildings』 725.3

④ 『Serial of Agricultural Buildings』 725.305

9 DDC 제23판과 KDC 제6판의 분류기호가 서로 다른 의미를 갖는 것끼리 연결된 것은?

① DDC 330 – KDC 320

② DDC 510 – KDC 410

③ DDC 840 – KDC 850

④ DDC 950 – KDC 910

10 목록규칙에 대한 설명으로 가장 옳은 것은?

① 제위트(Jewett)의 『대영박물관 목록규칙』은 91개조의 목록편성규칙이다.

② 카터(Cutter)는 1906년 『사전체목록규칙』을 처음 발표하였다.

③ 『프로이센 목록규칙』은 기본기입에서 단체저자의 개념을 인정하지 않았다.

④ 고재창은 서명기본저록 기반의 『조선동서편목규칙』을 발표하였다.

11 한국목록규칙 제4판(KCR4)에 대한 설명으로 가장 옳지 않은 것은?

① 목록의 기능을 처음으로 제시한 규칙이다.

② 컴퓨터에 의해 처리되는 모든 자료를 전자자료의 범주에 포함하고, 그 밖의 자료는 화상과 영상자료로 통합하여 적용하였다.

③ 저록에 포함되는 책임표시(저자 등)의 수에 원칙적으로 제한을 가하지 않았다.

④ 통일표목을 적용하고 있으며, 이전 판에 비해 기술의 대상을 크게 확장하였다.

---

8 Subdivisions are added for transportation, storage, agricultural buildings together; for transportation buildings alone에 따르면 세구분은 transportation, storage, agricultural buildings이 함께 쓰일 경우와 transportation buildings이 단독으로 쓰일 경우에 적용한다.

④ 『Serial of Agricultural Buildings』는 위의 두 경우에 해당하지 않으므로 세구분 하지 않아 분류기호는 725.3이 된다.

9 ③ DDC 840 프랑스문학 – KDC 850 독일문학
① 경제학 ② 수학 ④ 아시아

10 ① 파니찌(Panizzi)의 『대영박물관 목록규칙』은 91개조의 목록편성규칙이다.
② 카터(Cutter)는 1876년 『사전체목록규칙』을 처음 발표하였다.
④ 박봉석은 서명기본저록 기반의 『조선동서편목규칙』을 발표하였다.

11 ④ KCR4는 통일표목을 적용하지 않는다.

정답 및 해설 8.④ 9.③ 10.③ 11.④

12 한국목록규칙 제4판(KCR4)에서 사용하는 구두법의 용법으로 가장 옳지 않은 것은?

① 등호(=)는 대등표제, 총서의 대등표제, 등록표제 앞에 사용한다.

② 빗금(/)은 첫 번째 책임표시 앞에 사용한다.

③ 온점·빈칸·이중붙임표·빈칸(. --)은 기술의 첫 번째 사항인 표제와 책임표시사항을 포함한 각 사항의 첫 요소 앞에 사용한다.

④ 가운뎃점(·)은 책임표시를 제외하고는 정보원에 나타난 그대로 사용한다.

13 〈보기〉는 한국목록규칙 제4판(KCR4)의 기술총칙에서 제시된 표제와 책임표시사항의 기술요목들이다. 순서대로 바르게 나열한 것은?

<보기>

㉠ 본표제, 별표제	㉡ 권차, 회차, 연차표시
㉢ 표제관련정보	㉣ 대등표제
㉤ 자료유형	㉥ 책임표시

① ㉠ - ㉢ - ㉣ - ㉤ - ㉡ - ㉥

② ㉠ - ㉢ - ㉣ - ㉡ - ㉤ - ㉥

③ ㉠ - ㉤ - ㉢ - ㉣ - ㉡ - ㉥

④ ㉠ - ㉤ - ㉣ - ㉢ - ㉡ - ㉥

14 한국목록규칙 제4판(KCR4)에 따를 때, 비도서자료의 자료유형 표시가 옳지 않은 것은?

① [악보자료] [music]

② [지도자료] [map]

③ [마이크로자료] [microform]

④ [입체자료] [3D]

15 MODS(Metadata Object Description Schema)의 20개 상위요소로만 구성된 것은?

① titleInfo, genre

② physicalDescription, description

③ format, typeOfResource

④ name, type

---

12 ③ 온점·빈칸·이중붙임표·빈칸(. --)은 기술의 첫 번째 사항인 표제와 책임표시사항을 제외한 각 사항의 첫 요소 앞에 사용한다.

13 표제와 책임표시사항의 기술요목 순서
본표제, 별표제 > 자료유형 > 대등표제 > 표제관련정보 > 권차, 회차, 연차표시 > 책임표시

14 ① [악보자료] → [악보]

15 ② description은 DC 요소이다.
③ format은 DC 요소이다.
④ type은 DC 요소이다.
※ MODS와 DC의 비교

MODS	DC	MODS	DC
titleInfo	Title	targetAudience	Audience
name	Creator	subject, classification	Subject
	Contributor	relatedItem	Relation
typeOfResource	Type	identifier	Identifier
originInfo	Publisher	accessCondition	Right
	Date	genre	
language	Language	location	
physicalDescription	Format	part	
abstract, tableOfContents, note	Description	extention	
		recordInfo	

16 〈보기〉에서 MARC21로 기술된 사항을 KORMARC 통합서지용(개정판)으로 변경할 때 ⊙~㉣에 해당하는 식별기호를 순서대로 바르게 나열한 것은? (단, 지시기호와 띄어쓰기는 제외한다.)

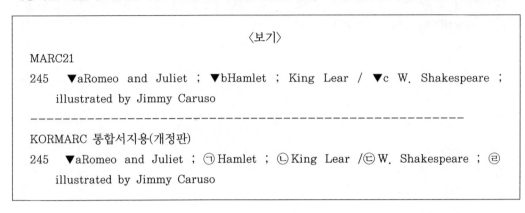

〈보기〉

MARC21

245 　▼aRomeo and Juliet ; ▼bHamlet ; King Lear / ▼c W. Shakespeare ; illustrated by Jimmy Caruso

----

KORMARC 통합서지용(개정판)

245 　▼aRomeo and Juliet ; ⊙Hamlet ; ⓛKing Lear /ⓒW. Shakespeare ; ㉣ illustrated by Jimmy Caruso

	⊙	ⓛ	ⓒ	㉣
①	▼a	▼a	▼d	▼d
②	▼a	▼b	식별기호 미사용	식별기호 미사용
③	▼a	▼a	▼d	▼e
④	▼b	▼b	▼d	▼d

17 〈보기〉는 KORMARC 통합서지용(개정판) 형식으로 작성한 레코드의 일부이다. ㉠~㉣에 들어갈 내용을 순서대로 바르게 나열한 것은? (단, 지시기호와 띄어쓰기는 제외한다.)

〈보기〉

245　▼a로지 브라이도티, 포스트휴먼 /▼(㉠)이경란 저

260　▼a서울 : ▼b커뮤니케이션북스,▼c2017

(㉡)　▼a컴북스이론총서

504　▼a참고문헌수록

(㉢)　　▼a2007년 정부(교육과학기술부)의 재원으로 한국연구재단의 지원을 받아 수행된 연구임

(㉣)　▼aBraidotti, Rosi

700　▼a이경란, ▼d1959-

830　▼a컴북스이론총서

	㉠	㉡	㉢	㉣
①	d	490	536	600
②	d	440	586	700
③	d	490	536	700
④	c	440	536	600

---

16 ㉠㉡ 햄릿, 리어왕 : 본표제 → ▼a

㉢ 저자 : 첫 번째 책임표시 → ▼d

㉣ 삽화가 : 역할이 다른 책임표시 → ▼e

따라서 KORMARC 통합서지용(개정판)에 따라 변경하면 다음과 같다.

245　▼aRomeo and Juliet ; ▼aHamlet ; ▼aKing Lear / ▼dW. Shakespeare ; ▼eillustrated by Jimmy Caruso

17 ㉠ 저자 : 첫 번째 책임표시 → ▼d

㉡ KORMARC 통합서지용(개정판)에서는 440 필드를 사용하지 않고 490 필드를 사용한다.

㉢ 기금정보주기 → 536

㉣ 통제된 인명으로 주제부출필드 인명을 적용한다. → 600

정답 및 해설 16.③ 17.①

18 FRAD(Functional Requirements for Authority Data, 2009)에 대한 설명으로 가장 옳지 않은 것은?

① IFLA에서 제안한 전거데이터에 관한 개념모형이다.

② FRBR의 10개 개체에 제2집단의 개체로 '가족'이 추가되어 서지개체를 11개로 정의하고 있다.

③ 탐색(find), 식별(identify), 선정(select), 확보(obtain)의 이용자과업을 수행한다.

④ 서지개체는 이름 및 식별기호로 식별되며, 목록작성 과정에서 이들 이름과 식별기호가 제어된 접근점의 작성 기반으로 사용된다.

19 〈보기〉는 국제표준도서번호(ISBN)의 구조를 설명한 것이다. ㉠~㉣을 순서대로 채운 것 중 가장 옳은 것은?

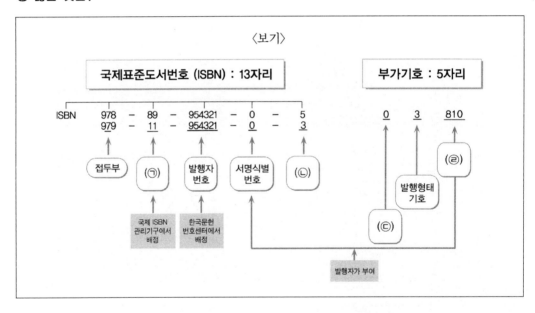

	㉠	㉡	㉢	㉣
①	체크기호	국별번호	내용분류기호	독자대상기호
②	체크기호	국별번호	독자대상기호	내용분류기호
③	국별번호	체크기호	내용분류기호	독자대상기호
④	국별번호	체크기호	독자대상기호	내용분류기호

20 RDA(Resource Description and Access)에 대한 설명으로 가장 옳지 않은 것은?

① FRBR은 RDA의 이론적 배경이 되는 개념모형이다.

② RDA의 목차는 자료유형별로 기술되어 있다.

③ 목록기능에 있어서 기술과 접근의 분리를 하지 않고 있다.

④ 식별 요소마다 기록할 데이터의 용어를 범주화하여 제공하고 있어 선택입력이 가능하다.

---

18 ③ 자원 발견의 지원을 목표로 탐색(find), 식별(identify), 선정(select), 확보(obtain)의 이용자 과업을 설정한 것은 RDA이다.

19 ISBN과 부가기호의 구성

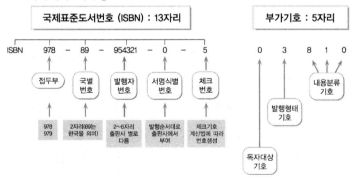

20 ② RDA의 목차는 자료유형이 포괄적으로 통합되어 기술되어 있다.

정답 및 해설 18.③ 19.④ 20.②

1 RDA에서는 자료의 물리적 측면을 매체유형과 수록매체유형으로 구분하고 있다. 매체유형으로 옳은 것으로만 묶은 것은?

> ㉠ 오디오(audio)
> ㉡ 마이크로필름 카세트(microfilm cassette)
> ㉢ 컴퓨터(computer)
> ㉣ 현미경 슬라이드(microscope slide)

① ㉠, ㉡
② ㉠, ㉢
③ ㉡, ㉢
④ ㉡, ㉣

2 FRBR 제1집단에 해당하는 개체로만 묶은 것은?

① 저작, 표현형, 구현형, 개별자료
② 개인, 단체
③ 저작, 개인, 대상
④ 개념, 대상, 사건, 장소

3 ISBD(M)을 적용하여 표목과는 무관하게 기술(description)만으로 독립된 저록을 완성할 수 있는 목록규칙은?

① 파니찌 목록규칙
② AACR2
③ KCR3
④ RDA

4 다음에 해당하는 Dublin Core의 기본요소는?

- 해당 자원을 이용할 수 있도록 책임을 진 개체
- 사람과 단체, 서비스를 포함
- 일반적으로 개체를 지시하기 위해 명칭을 사용

---

① Coverage   ② Publisher

③ Contributor   ④ Identifier

---

1 ㉡ 마이크로필름 카세트 – 수록매체유형

㉣ 현미경 슬라이드 – 수록매체유형

※ RDA 자원유형

   ㉠ 내용유형(content type) : 자원이 표현된 내용과 지각을 통해 내용을 인지하는 커뮤니케이션 형식을 반영 (화상형식의 경우 내용의 공간적 차원과 움직임 유무를 포함)

   ㉡ 매체유형(media type) : 자원의 감상, 재생, 운영 등에 필요한 중개 장치의 유형을 반영

   ㉢ 수록매체유형(carrier type) : 매체유형과 결합하여 저장매체와 수록형식을 반영

2 FRBR의 개체와 집단

   ㉠ 제1집단 : 저작, 표현형, 구현형, 개별자료

   ㉡ 제2집단 : 지적 · 예술적 내용을 책임지거나 배포 · 관리상의 책임을 지닌 개인과 단체

   ㉢ 제3집단 : 개념, 대상, 사건, 장소

3 ③ KCR3은 국제표준인 ISBD의 기술방식을 도입하여 서지기술의 표준화를 기하였다.

4 제시된 내용은 발행처에 대한 설명이다.

※ Dublin Core Metadata Element Set

   ㉠ 콘텐츠 기술요소 : Title(표제), Subject(주제), Description(설명), Source(출처), Language(언어), Relation(관련 자료), Coverage(내용 범위)

   ㉡ 지적 속성요소 : Creator(제작자), Publisher(발행처), Contributor(기타 제작자), Rights(이용조건)

   ㉢ 물리적 기술요소 : Date(날짜), Type(자료유형), Format(형식), Identifier(식별자)

정답 및 해설 1.② 2.① 3.③ 4.②

5 KCR 제4판과 KORMARC 형식(통합서지용, 2014 개정판)을 적용하여 서지레코드를 작성한 사례이다. ㉠, ㉡에 들어갈 표시기호는? (단, 지시기호와 띄어쓰기는 적용하지 않음)

245　　00　▼a에바 페론 · 이사벨 페론/ ▼d폴 L. 몽고메리 저;
　　　　　 ▼e유성인 역
246　　 0 　▼i관제: ▼a아르헨티나여 울지 마오!
260　　　 　▼a서울 : ▼b전국사, ▼c1982
(㉠)　　　▼a348 p. : ▼b초상화; ▼c21 cm
490　　00　▼a영 레이디의 여성전기; ▼v2
(㉡) 18 ▼a페론, 에바 ▼v전기
700　　 1 ▼a몽고메리, 폴 L.
700　　 1 ▼a유성인

	㉠	㉡
①	270	600
②	270	650
③	300	600
④	300	650

6 KCR 제4판을 적용하여 KORMARC(통합서지용, 2014 개정판) 형식으로 자료를 기술할 때, 옳은 것만을 모두 고르면? (단, 지시기호, 띄어쓰기는 적용하지 않음)

〈표제면〉	〈판권기〉
현대정보학총서 25 정보자원의 기술 Resource Description 홍길동 · 임꺽정 공저 사단법인 한국도서관협회 2015	정보자원의 기술 저자 : 홍길동 · 임꺽정 펴낸곳 : 한국도서관협회 초판 발행 : 2015년 10월 15일 주소 : 서울특별시 서초구 ISBN　978-89-7699-253-3　93020 정가 : 22,000원

> ㉠ 020　▼a9788976992533　▼g93020 : ▼c₩22000
> ㉡ 245　▼a정보자원의 기술=▼xResource description / ▼d홍길동, ▼e임꺽정 공저
> ㉢ 260　▼a서울 :▼b한국도서관협회, ▼c2015
> ㉣ 490　▼a현대정보학총서 ;▼v25

① ㉠, ㉣

② ㉡, ㉢

③ ㉡, ㉢, ㉣

④ ㉠, ㉡, ㉢, ㉣

---

5 ㉠ 형태사항→300
　㉡ 통제된 인명으로 주제부출필드 인명을 적용→600

6 ㉠ 020(국제표준도서번호, 입수조건), ㉡ 245(서명, 저자사항), ㉢ 260(발행, 배포, 간사사항), ㉣ 490(총서사항) 모두 바르게 작성되었다.

정답 및 해설　5.③　6.④

7 목록규칙에 대한 설명으로 옳지 않은 것은?

① 커터(Charles A. Cutter)는 사전체목록규칙을 통하여 목록의 기능을 제시하였다.

② AA Code는 국제목록규칙으로 영국과 미국의 협동목록규칙이다.

③ ISBD 통합판은 국제목록원칙규범을 토대로 접근점과 기술부를 규정하고 있다.

④ RDA 본문에는 구분기호 등 요소 표시에 관한 규칙이나 배열순서는 정해져 있지 않다.

8 MARC21(서지데이터용)의 245 필드를 적용한 것으로 옳지 않은 것은? (단, 지시기호와 띄어쓰기는 적용하지 않음)

① 245 $aHamlet ;$aRomeo and Juliette

② 245 $aFocus on grammar : $bbasic level

③ 245 $aThe plays of Oscar Wilde /$cAlan Bird

④ 245 $aAnimalsk production =$banimal production

9 MODS의 ⟨abstract⟩ 요소와 연관되는 DC의 요소명은?

① Coverage

② Description

③ Source

④ Subject

10 열거식 저자기호법에 해당하는 것만을 모두 고르면?

ㄱ Cutter-Sanborn 저자기호표
ㄴ 장일세 동서저자기호표
ㄷ LC 저자기호법
ㄹ 리재철 한글순도서기호법

---

① ㄱ, ㄴ

② ㄱ, ㄷ

③ ㄱ, ㄴ, ㄷ

④ ㄴ, ㄷ, ㄹ

---

7 ③ ISBD 통합판은 표목부(접근점)에 대한 규정이 결여되었다.

※ ISBD 통합판의 주요 특징

ㄱ 기술영역에 내용형식, 매체유형영역 추가

ㄴ FRBR과 일치하도록 데이터요소의 필수 여부 규정

ㄷ GMD를 표제 및 책임표시사항에서 삭제

ㄹ 구두점 기술 시 중복기술을 허용 (※ 구두법은 기술요소와 함께 채기하되 언제나 기술요소의 앞에 위치)

ㅁ 동일 영역 내 데이터요소에 각괄호 기술 시 개별적인 각괄호 사용

8 ① 245 $aHamlet ;$aRomeo and Juliette → ① 245 $aHamlet ;$bRomeo and Juliette

9 MODS와 DC의 비교

MODS	DC	MODS	DC
titleInfo	Title	targetAudience	Audience
name	Creator	subject, classification	Subject
	Contributor	relatedItem	Relation
typeOfResource	Type	identifier	Identifier
originInfo	Publisher	accessCondition	Right
	Date	genre	
language	Language	location	
physicalDescription	Format	part	
abstract, tableOfContents, note	Description	extention	
		recordInfo	

10 ㄷㄹ LC 저자기호법과 리재철 한글순도서기호법은 분석합성식 기호법이다.

11 KCR 제4판과 KORMARC 형식(통합서지용, 2014 개정판)을 적용하여 다음의 연속간행물에 대한 서지레코드를 작성할 때, 옳은 것은?

본표제 : 한국문헌정보학회지

- 1970년
  - 『도서관학』창간호(제1집)
- 1993년 6월
  - 『한국문헌정보학회지』로 본표제 변경(제24집)
  - '반연간'으로 간행빈도 변경
- 1996년 3월
  - '계간'으로 간행빈도 변경
  - '제30권 제1호'로 권호차 변경

---

① 본표제가 변경되었으므로 별도의 서지레코드를 작성한다.

② 기술의 정보원은 『도서관학』의 첫 호(창간호)를 기준으로 한다.

③ 『한국문헌정보학회지』 간행빈도는 '반연간'에서 '계간'으로 변경되었으나, 동일 본표제이므로 310(간행빈도) 필드를 반복하여 기술한다.

④ 『한국문헌정보학회지』는 『도서관학』의 후속 자료이므로 『도서관학』에 관한 정보를 785(후속 저록) 필드에 기술한다.

12 콜론분류법(CC)에서 각 패싯을 나타내는 5개의 기본범주(fundamental categories)에 포함되지 않는 것은?

① Personality

② Form

③ Space

④ Time

13 분류법에 대한 설명으로 옳은 것은?

① 전개분류법(EC)은 총 다섯 가지 분류표를 만들어 장서 규모별로 사용할 수 있도록 만든 분류법이다.

② 서지분류법(BC)은 영국의 도서관을 위한 분류법으로 동일 주제는 동일 장소에 집결시키는 원칙을 가지고 있다.

③ 미의회분류법(LCC)은 비십진분류법으로 주류의 배열은 전개분류법 체계를 참고하여 구성하였다.

④ 주제분류법(SC)은 십진분류법으로 주류의 배열은 총류, 철학, 역사, 사회과학 순으로 구성하였다.

---

11 ② 본표제가 '한국문헌정보학회지'이므로 기술의 정보원은 『한국문헌정보학회지』로 본표제가 변경된 제24집을 기준으로 한다.

③ 『한국문헌정보학회지』 간행빈도는 '반연간'에서 '계간'으로 변경되었으므로, 310 필드에 현재 간행빈도를, 321 필드에 해당 자료의 이전 간행빈도를 기술한다.

④ 『한국문헌정보학회지』는 『도서관학』의 후속 자료이므로, 『도서관학』은 『한국문헌정보학회지』의 선행저록이 된다. 따라서 780(선행저록) 필드에 기술한다.

12 콜론분류법(CC) 기본범주의 패싯기호와 연결기호

기본범주	의미	패싯기호	연결기호
Time	시간 : 시대구분	[T]	'(apostrophe)
Space	공간 : 지리구분	[S]	.(full stop)
Energy	기능 : 활동, 작용, 공정 등	[E]	:(colon)
Matter	소재 : 사물	[M]	
(property)	: 특성	[MP]	;(semi-colon)
(method)	: 방법	[MM]	
(material)	: 재료	[MMt]	
Personality	개성 : 본질적 속성	[P]	,(comma)

13 ① 전개분류법(EC)은 총 <u>일곱 가지</u> 분류표를 만들어 장서 규모별로 사용할 수 있도록 만든 분류법이다.

② <u>주제분류법(SC)</u>은 영국의 도서관을 위한 분류법으로 동일 주제는 동일 장소에 집결시키는 원칙을 가지고 있다.

④ <u>일본십진분류법(NDC)</u>은 십진분류법으로 주류의 배열은 총류, 철학, 역사, 사회과학 순으로 구성하였다.

정답 및 해설 11.① 12.② 13.③

14 DDC 제23판의 일부를 발췌한 것이다. 이를 적용한 『한국어 속담(Korean proverbs)』의 분류 기호는?

---

390   Customs, etiquette, folklore

398   Folklore

  .9   Proverbs

      Class here folk aphorisms

      Add to base number 398.9 notation 1−9 from Table 6, e.g., French proverbs 398.941

Table 6

−41   French

−956   Japanese

−957   Korean

---

① 398.9057

② 398.90957

③ 398.957

④ 398.9957

15 KDC 제6판의 일부를 발췌한 것이다. 이를 적용한 (가)『해산물검사』와 (나)『중국의 전염병』의 분류기호는?

---

517   건강증진, 공중보건 및 예방의학

.5   식품위생

.58   식품검사

.581-.583   특정식품검사
594.1-.3과 같이 세분한다. 예 : 낙농물검사 517.5825

.6   예방의학
일반전염병 및 접촉전염병의 예방, 위생적 관리, 위생적 검사 등을 포함한다.

.62   지리적 분포
지역구분표에 따라 세분한다. 예 : 일본의 전염병 517.6213

594   식품과 음료

.2   동물성 식품

.25   유제품

.29   해산물

지역구분표

-12   중국

	(가)	(나)
①	517.58029	517.6212
②	517.58129	517.622
③	517.5829	517.6212
④	517.58229	517.622

---

14 『한국어 속담』 : 398(민속, 전통문화) + .9(속담) + -957(한국어) → 938.9957

15 (가)『해산물 검사』 : 517 + .58(식품검사) + .29(해산물) → 517.5829
(나)『중국의 전염병』 : 517 + .62 + -12 → 517.6212

정답 및 해설 **14.④ 15.③**

16 KDC 제6판의 일부를 발췌한 것이다. 이를 적용한 『지방 간호직 시험문제집』의 분류 기호로 옳은 것만을 모두 고르면?

359　　지방자치 및 지방행정
　　.035　　　지방공무원시험
　　　　　　　국가공무원시험 → 350.35
　　.0357　　시험문제집
　　　　　　001-999와 같이 주제구분한다.
　　　　　　별법 : 도서관에 따라 해당주제 아래에 분류할 수 있다.

512.8　　간호학

표준구분표
　　-07　　지도법, 연구법 및 교육, 교육자료
　　-077　　각종 시험 대비용 교재 및 문제집, 면허증

---

① 359.0357005128　　　　　　　　512.87
② 359.035705128　　　　　　　　 512.877
③ 359.0357128　　　　　　　　　　512.807
④ 359.03575128　　　　　　　　　 512.8077

17 UDC에 대한 설명으로 옳은 것만을 모두 고르면?

> ㉠ 주류는 0~9로 구성되어 있다.
> ㉡ 현재 UDC 주류 4는 공기호로 남아있다.
> ㉢ 사회과학과 경제학의 분류기호는 각각 3, 33이다.
> ㉣ 한 개의 주분류에 여러 개의 공통보조분류를 동시에 부가할 경우 그 순서는 '지리 –
>   시대 – 언어 – 형식' 순이다.

① ㉠   ② ㉠, ㉡

③ ㉠, ㉡, ㉢   ④ ㉠, ㉡, ㉢, ㉣

---

16 『지방 간호직 시험문제집』의 분류 기호
- 359에 분류하는 경우 : 359 + .0357(시험문제집) + 512.8(간호학) → 359.03575128
- 512.8에 분류하는 경우 : 512.8 + –077(각종 시험 대비용 교재 및 문제집) → 512.8077

17 ㉣ 한 개의 주분류에 여러 개의 공통보조분류를 동시에 부가할 경우 그 순서는 '지리 – 시대 – 형식 – 언어' 순이다.

※ 국제십진분류법(UDC) 분류기호의 조합 및 배열
  ㉠ 하나의 주분류에 여러 개의 보조분류가 추가될 경우에는 관점 – 지리 – 시대 – 형식 – 언어순으로 채택한다.
  ㉡ 동일 개념에 둘 이상의 특수보조분류가 추가될 경우는 적용범위가 좁은 쪽을 우선으로 채택한다.

정답 및 해설 16.④ 17.③

18 KDC 제6판의 일부를 발췌한 것이다. 이를 적용한 분류기호로 옳지 않은 것은?

809	문학사, 평론
	문학의 사조(思潮)·제파(諸派) 및 평론 등을 포함한다.
	각국 문학사는 해당문학 아래에 분류한다.
.05	18-19세기 1700-1899
.06	20세기 1900-1999
.07	21세기 2000-
.1-.8	각 문학형식의 역사
	문학형식구분표에 따라 세분한다.
	문학형식에 의한 각국 문학사는 해당문학 아래에 분류한다.
810	한국문학
.9	문학사, 평론
820	중국문학
823	소설

① 18세기의 낭만주의문학 - 809.05

② 한국문학사 - 810.9

③ 소설사 - 809.1

④ 중국소설사 - 823.09

19 KDC 제6판의 일부를 발췌한 것이다. 이를 적용한 『제주도 방언』의 분류기호는?

710	한국어
718	방언(사투리)
.1-.9	각 지방의 방언
	지역구분표 -111-1199와 같이 세분한다.

지역구분표
- -1   아시아
- -11   대한민국
- -119 전라도
- -1199 제주특별자치도

① 710.81199

② 718.1199

③ 718.199

④ 718.99

---

18 ③ 소설사는 각 문학형식의 역사에 해당하므로 문학형식구분표에 따라 세분한다. 따라서 분류기호는 809.3이다.

19 710 한국어의 경우 지역구분표 -111-1199에 따라 그대로 세분할 경우 -11이 중복된다.
『제주도 방언』: 718(방언) + -~~11~~99(제주특별자치도) → 718.99

20 DDC 제23판의 일부를 발췌한 것이다. ㉠, ㉡에 들어갈 Tables(보조표)로 옳은 것은?

331.6	Workers by ethnic and national origin
.62	Immigrants and aliens
.620 9	History, geographic treatment, biography

Class here immigrant and alien workers in specific areas, e.g., immigrant workers in Canada 331.620971

.623-.629	Immigrants and aliens from specific continents, countries, localities

Add to base number 331.62 notation 3-9 from (㉠) for place of origin, e.g., immigrant workers from Korea 331.62519

.63	Native-born workers by ethnic group
.631-.639	Native-born workers of other ethnic groups

Add to base number 331.63 notation 1-9 from (㉡), e.g., Korean Americans 331.63957

	㉠	㉡
①	Table 2	Table 5
②	Table 2	Table 4
③	Table 5	Table 4
④	Table 5	Table 2

20 ㉠ for the place of origin → Table 2

㉡ ethnic and national groups → Table 5

1 한국목록규칙 제4판의 기술총칙으로 옳지 않은 것은?

① 특정 자료를 다른 자료와 식별하는 데 필요한 모든 요소를 범위로 한다.

② 복제물은 기본적으로 그 대본인 원자료를 기술의 대상으로 한다.

③ 서지사항의 식별요소로 국제표준서지기술에서 규정한 구두법을 적용한다.

④ 합집이나 총서에 수록된 개별 저작을 기술의 대상으로 할 수 있다.

2 Charles Ammi Cutter가 제시한 목록의 기능으로 옳지 않은 것은?

① 이용자가 알고 있는 저자명, 표제, 주제명으로 자료를 검색하게 한다.

② 도서관이 소장하고 있는 특정 도서를 저자명, 주제명, 문헌의 유형으로 보여 준다.

③ 특정 판 또는 저작의 특성에 따라 자료의 선정을 지원한다.

④ 문헌 간의 관계를 제시하여 목록의 안팎을 항해할 수 있도록 한다.

3 한국목록규칙 제4판의 기술 내용으로 옳은 것은?

① 271 p. : 지도, 삽화, 초상 ; 21cm
(기타형태사항으로 지도, 삽화, 초상이 수록됨)

② 800 p. (쪽수 복잡)
(190 p., 300 p., 310 p.의 3종의 쪽수나 장수매김의 자료임)

③ 학위논문(석사) – 한국대학교 대학원, 문헌정보학과, 2010
(학위논문 자료임)

④ 동경 : 한림사, 2020
(발행지가 동경, 부산의 순으로 열기된 경우임)

4 메타데이터 관련 용어에 대한 설명으로 옳은 것은?

① 더블린코어(DC)는 MARC 형식의 한계를 극복하고, 웹 정보자원에 특화된 핵심 데이터 요소를 규정하고 있다.

② METS는 도서관계의 요구를 충족시키기 위한 메타데이터 표준으로 개발되었다.

③ EAD는 디지털 자원의 인코딩과 전송 규칙을 규정하는 XML 스키마 기반의 명세이다.

④ CDWA는 출판정보를 제공하는 기관에서 널리 이용되는 메타데이터 표준이다.

---

1 ② 복제물은 기본적으로 복제물 그 자체를 기술의 대상으로 한다.

2 ④ FRBR에 대한 설명이다.
 ※ Cutter가 제시한 목록의 기능
   ⊙ 저자명이나 표제, 주제를 통한 특정 자료의 검색 기능
   ⓒ 특정 저자나 주제, 특정 유형의 자료에 대한 소장 여부 제시 기능
   ⓒ 특정 판(서지적) 또는 특성(문자나 인쇄상)에 의한 자료의 선정 지원 기능

3 ① 기타형태사항으로 삽화가 수록되었을 경우, 삽화를 가장 먼저 기술하고 다음에 자모순으로 따른다.
 ② 4종 이상으로 쪽수나 장수 매김이 복잡한 도서의 경우에 모든 쪽수와 장수를 합산하여 그 합계를 기재하고 '쪽수 복잡'이란 말을 원괄호에 묶어서 기술한다.
 ④ 발행지가 동경, 부산의 순으로 열기된 경우 둘 다 기술해 준다.

4 ② MODS에 대한 설명이다.
 ③ EAD는 기록관리와 아카이브, 장기보존을 위한 메타데이터 표준이다. EAD는 SGML과 XML 규약을 따르고 있는데 본래는 전자 검색도구를 위한 SGML DTD로 개발되었으나, 1998년 EAD 1.0버전부터는 XML과도 호환할 수 있게 되었다.
 ④ CDWA는 박물관, 미술관 등 문화유산기관에서 널리 이용되는 메타데이터 표준이다. 출판정보를 제공하는 기관에서 널리 이용되는 메타데이터 표준은 ONIX이다.

정답 및 해설 1.② 2.④ 3.③ 4.①

5 종합목록의 사례에 해당하는 것만을 모두 고른 것은?

⊙ OCLC의 WorldCat
ⓛ 호주 국립도서관의 PANDORA
ⓒ 국립중앙도서관의 KOLIS-NET
ⓔ 한국교육학술정보원의 DDOD

① ⊙, ⓛ   ② ⊙, ⓒ
③ ⓛ, ⓒ   ④ ⓒ, ⓔ

6 한국목록규칙 제4판을 적용하여 KORMARC(통합서지용, 2014 개정판) 형식으로 작성한 레코드의 일부이다. ㈎, ㈏에 들어갈 표시기호는? (단, 지시기호와 띄어쓰기는 적용하지 않는다)

245   ▾a다산의 재발견: ▾b어떻게 조선 최고의 학술그룹을 조직하였는가 / ▾d정민 지음
㈎   ▾a서울 : ▾b휴머니스트, ▾c2011
㈏   ▾a정약용, ▾d1762-1836
700   ▾a정민

	㈎	㈏		㈎	㈏
①	260	500	②	260	600
③	300	500	④	300	600

7 한국목록규칙 제4판의 자료유형 기술 방법으로 옳은 것은?

① 대등표제가 있는 경우 대등표제 다음에 각괄호([ ])로 묶어 기재한다.
② 두 가지 이상의 자료 유형을 기술할 필요가 있을 경우 그 주된 유형을 기재하고, 나머지를 쉼표(,) 다음에 병기할 수 있다.
③ 영상자료는 '영상자료'나 'motion picture'를 자료유형으로 한다.
④ 인쇄자료 중 문자로 쓰여진 자료(단행본, 고서와 고문서, 인쇄형식의 연속간행물 등)는 자료유형표시를 생략할 수 있다.

8 KORMARC(통합서지용, 2014 개정판)의 기술내용으로 ㈎～㈑에 해당하는 더블린코어(DC)의 요소로 옳은 것은? (단, 지시기호와 띄어쓰기는 적용하지 않는다)

㈎ 　020　▼a9788976791659

㈏ 　056　▼a942▼26

　　245　▼a미국의 역사 　㈐　▼h[전자자료] / ▼d토마스 헌터 지음

㈑ 　650　▼a미국 역사

① ㈎ － identifier
② ㈏ － format
③ ㈐ － subject
④ ㈑ － type

---

5 ⓒ 호주 국립도서관의 PANDORA는 1996년부터 가치 있는 웹 자원을 수집해 보존하고 있다. 미국에서 의회도 서관을 주축으로 실시하는 MINERVA도 같은 맥락이다.
　ⓔ DDOD(Digital Dissertations on Demand)는 한국교육학술정보원에서 제공하는 해외박사학위논문서비스이다.

6 ② 260 발행, 배포, 간사사항 / 600 주제명부출표목 － 개인명

7 ① 대등표제가 있는 경우 본표제 다음에 각괄호로 묶어 기재한다.
　② 두 가지 이상의 자료 유형을 기술할 필요가 있을 경우 그 주된 유형을 기재하고, 나머지를 원괄호 다음에 병기할 수 있다.
　③ 영상자료는 '영화', '비디오녹화자료', 'motion picture', 'videorecording'을 자료유형으로 한다.

8 ① ㈎ 020 국제표준도서번호 － identifier
　② ㈏ 056 한국십진분류기호 － subject
　③ ㈐ ▼h 자료유형표시 － type
　④ ㈑ 650 주제명부출표목 － subject

정답 및 해설 5.② 6.② 7.④ 8.①

9 한국목록규칙 제4판의 자료특성사항 기술사례가 옳지 않은 것은?

자료유형	기술사례
① 지도자료	축척 1 : 50,000
② 악보	관현악총보
③ 녹음자료	녹음 카세트 1개
④ 연속간행물	제1집(1980년)–제11집(1990년)

10 RDA에서 표현형의 식별을 위한 요소만을 모두 고른 것은?

㉠ 표현형의 언어	㉡ 내용유형
㉢ 수록매체 유형	㉣ 발행지

① ㉠, ㉡   ② ㉠, ㉣

③ ㉡, ㉢   ④ ㉢, ㉣

11 학문(지식)분류 학자와 도서관 분류표의 영향관계 표시가 옳은 것은?

① 헤겔(Hegel) – 서지분류법(BC)

② 베이컨(Bacon) – 미의회도서관분류법(LCC)

③ 앙페르(Ampere) – 주제분류법(SC)

④ 콩트(Comte) – 전개분류법(EC)

12 KDC 제6판의 일부를 발췌한 것이다. 이를 적용한 『행정이론 및 철학』의 분류기호는?

> 350 행정학
>
>   특수행정은 해당주제 아래에 분류한다. 예: 군사행정 391; 교통행정 326.31
>
>   350.01-09는 표준구분에 따라 세분한다.
>
> ──────────────────────────────
>
> 표준구분표
>
> -01   철학 및 이론

① 350.1   ② 350.01

③ 351   ④ 350.001

---

9 ③ '녹음 카세트 1개'는 300 형태사항의 ▼a 특정자료종별과 수량 기술사례에 해당한다.

10 ㉢, ㉣은 구현형의 식별을 위한 요소이다.

   ※ 저작, 표현형, 구현형, 개별자료

      ㉠ **저작** : 지적 · 예술적 창작

      ㉡ **표현형** : 저작을 글, 음성, 영상 등으로 실현

      ㉢ **구현형** : 표현형을 물리적 매체로 제작

      ㉣ **개별자료** : 구현형을 누군가 소유한 상태

11 ① 헤겔 – 해리스 분류법

   ② 베이컨 – 해리스 분류법, 듀이십진분류법(DDC)

   ③ 앙페르 – 콜론분류법(CC)

   ※ 해리스, 베이컨, 듀이의 비교

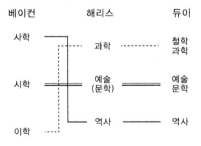

12 행정이론 350 + 철학 01

   350.01-09는 표준구분에 따라 세분한다.

   따라서 350.01

정답 및 해설 9.③ 10.① 11.④ 12.②

13 DDC 제23판을 적용하여 분류한 조합과정과 분류기호이다. 적용된 ㉮~㉺ Table의 종류가 다른 것은?

Spanish Grammar → 46 + ㉮(-5) = 465

Phonology of Portuguese → 469 + ㉯(-15) = 469.15

French-English Dictionary → 44 + ㉰(-3) + ㉱(-21) = 443.21

① ㉮

② ㉯

③ ㉰

④ ㉱

14 KDC 제6판의 일부를 발췌한 것이다. 이를 적용한 『대구지역 전염병 대응』의 분류기호는?

517.6   예방의학
　　.62   　지리적 분포
　　　　　　지역구분표에 따라 세분한다.

지역구분표
　-1   　아시아
　-11   　대한민국
　-118   　경상도
　-1184   대구광역시

① 517.61184

② 517.621184

③ 517.62184

④ 517.6201184

15 KDC 제6판 본표의 일부를 발췌한 것이다. 별법을 적용한 분류기호로 옳지 않은 것은?

326.3   교통
  .39   관광학
  .393   관광상품
          국제관광, 생태관광자원, 문화관광자원, 관광이벤트 등을 포함한다.
          별법 : 도서관에 따라 001-999와 같이 주제구분할 수 있다.

---

① 스포츠 관광 − 326.393692
② 음악 관광 − 326.39367
③ 건축 관광 − 326.39361
④ 의료 관광 − 326.39351

---

13 ㉮㉯㉰ T4 언어공통구분표, ㉱ T6 국어구분표
   ㉱ T6 −2 English and Old English + −1 Indo-European languages

14 '대구지역'의 '전염병 대응'이므로 지리적 분포에서 지역구분표에 따라 세분한다. 따라서 517.62 + 1184 →
   517.621184

15 ③ 건축 관광 − 326.39354
   KDC 6판에서는 건축에 대한 주제가 610에서 540으로 옮겨지면서 610은 공기호가 되었다.

정답 및 해설 13.④ 14.② 15.③

16 분류표에 대한 설명으로 옳은 것만을 모두 고른 것은?

> ㉠ 분석합성식 분류표는 패싯 분류표라고도 한다.
> ㉡ 십진 분류표는 LCC, DDC, NDC 등이 있다.
> ㉢ 종합(일반)분류표는 지식의 전 주제 분야를 망라하여 체계화한 분류표이다.
> ㉣ 열거식 분류표는 모든 지식 세계를 각각의 주제나 형식에 따라 최고의 유개념에서 최저의 종개념까지 체계적으로 세분계층화한 분류표이다.

① ㉠, ㉡   ② ㉢, ㉣
③ ㉠, ㉢, ㉣   ④ ㉡, ㉢, ㉣

17 DDC 제23판의 일부를 발췌한 것이다. 이를 적용한 『미중외교(미국과 중국의 국제관계)』의 분류기호는?

> 327 International relations
>   .3–.9 Foreign relations of specific continents, countries, localities
>   Class here foreign policy
>   Add to base number 327 notation 3–9 from Table 2; then, for relations between that notation or region and another nation or region, add 0 and to the result add notation 1–9 from Table 2
>
> ---
>
> Table 2.
>   –5 Asia
>   –51 China and adjacent areas
>   –7 North America
>   –73 United States

① 327.7351
② 327.73051
③ 327.07351
④ 327.073051

18 리재철 『한글순도서기호법』의 사용 설명으로 옳은 것은?

① 저자기호의 기본기호는 문자로 이루어진다.

② 개인의 전기서는 피전자명을 기본기호의 대상어로 삼아 기호화한다.

③ 판차가 있을 경우 기본기호 다음에 판차를 숫자화하여 기재한다.

④ 권차, 권호 및 복본기호는 기본기호 다음에 기호를 부기한다.

---

16 ⓛ LCC는 비십진 분류표에 해당한다.

※ 십진 분류표와 비십진 분류표

ⓖ 십진 분류표 : 십진법을 적용한 분류표이며, 아라비아 숫자만을 사용한다. **예** DDC, KDC, NDC 등

ⓛ 비십진 분류표 : 십진법을 적용하지 않은 분류표이며, 문자만을 사용하거나 문자, 숫자, 부호를 혼용한다.
예 LCC, CC 등

17 국제관계 327 + 미국 -73 + 0 + 중국 -51 → 327.73051

18 ① 저자기호의 기본기호는 숫자로 이루어진다.

③ 판차가 있을 경우 저작기호 다음에 판차를 숫자화하여 기재한다.

④ 권차, 권호 및 복본기호는 부차적 기호 다음에 기호를 부기한다.

정답 및 해설 16.③ 17.② 18.②

19 DDC 제23판의 분류규정에 대한 설명 중 옳은 것만을 모두 고른 것은?

> ㉠ 자료가 주제의 이론과 응용을 함께 다룬 경우에는 이론에 분류한다.
> ㉡ 자료가 복수 주제를 동등하게 다룬 경우에는 분류표상 선치하는 주제에 분류한다.
> ㉢ 한 국가의 통치자(왕, 황제, 대통령, 수상 등)에 대한 공식적인 기록은 그 국가의 역사에 분류한다.
> ㉣ 단일 주제를 다룬 자료에서 관점이 2개 이상일 때, 특별히 저자가 강조한 관점이 없으면 분류표에서 규정한 학제적 기호에 분류한다.

① ㉠, ㉡
② ㉢, ㉣
③ ㉠, ㉡, ㉢
④ ㉡, ㉢, ㉣

20 DDC 제23판을 적용하여 2020년에 한국어로 출판된 개인시집을 분류할 때, 조합과정이 옳은 것은?

① 895.7(Korean literature) + -1 (Table 3A: Poetry) + 5 (PERIOD TABLE: 2000-)
② 895.7(Korean literature) + 5 (PERIOD TABLE: 2000-) + -1 (Table 3A: Poetry)
③ 895.7(Korean literature) + -1 (Table 3B: Poetry) + 5 (PERIOD TABLE: 2000-)
④ 895.7(Korean literature) + 5 (PERIOD TABLE: 2000-) + -1 (Table 3B: Poetry)

19 ㉠ 자료가 주제의 이론과 응용을 함께 다른 경우에는 응용에 분류한다.

20 • 한국어로 출판됨 → 한국문학
   • 개인시집 → Table 3A 개인의 저작물(Table 3B는 2인 이상의 저작물)
   • 2020년 → 문학의 패싯구조는 문학류(8) + 언어(국어구분) + 문학형식(문학형식구분표) + 문학시대
   따라서 895.7(Korean literature) + −1(Table 3A : Poetry) + 5(PERIOD TABLE : 2000−)가 된다.

정답 및 해설 19.④ 20.①

당신의 꿈은 뭔가요?

MY BUCKET LIST!

꿈은 목표를 향해 가는 길에 필요한 휴식과 같아요.

여기에 당신의 소중한 위시리스트를 적어보세요. 하나하나 적다보면 어느새 기분도

좋아지고 다시 달리는 힘을 얻게 될 거예요.

- [ ] _____
- [ ] _____
- [ ] _____
- [ ] _____
- [ ] _____
- [ ] _____
- [ ] _____
- [ ] _____
- [ ] _____
- [ ] _____
- [ ] _____
- [ ] _____
- [ ] _____
- [ ] _____
- [ ] _____
- [ ] _____
- [ ] _____
- [ ] _____
- [ ] _____
- [ ] _____
- [ ] _____
- [ ] _____
- [ ] _____
- [ ] _____
- [ ] _____
- [ ] _____

- [ ] _____
- [ ] _____
- [ ] _____
- [ ] _____
- [ ] _____
- [ ] _____
- [ ] _____
- [ ] _____
- [ ] _____
- [ ] _____
- [ ] _____
- [ ] _____
- [ ] _____
- [ ] _____
- [ ] _____
- [ ] _____
- [ ] _____
- [ ] _____
- [ ] _____
- [ ] _____
- [ ] _____
- [ ] _____
- [ ] _____
- [ ] _____
- [ ] _____
- [ ] _____

창의적인 사람이 되기 위해서

정보가 넘치는 요즘, 모두들 창의적인 사람을 찾죠.
정보의 더미에서 평범한 것을 비범하게 만드는 마법의 손이 필요합니다.
어떻게 해야 마법의 손과 같은 '창의성'을 가질 수 있을까요. 여러분께만 알려 드릴게요!

01. 생각나는 모든 것을 적어 보세요.

아이디어는 단번에 솟아나는 것이 아니죠. 원하는 것이나, 새로 알게 된 레시피나, 뭐든 좋아요.
떠오르는 생각을 모두 적어 보세요.

02. '잘하고 싶어!'가 아니라 '잘하고 있다!'라고 생각하세요.

누구나 자신을 다그치곤 합니다. 잘해야 해. 잘하고 싶어.
그럴 때는 고개를 세 번 젓고 나서 외치세요. '나, 잘하고 있다!'

03. 새로운 것을 시도해 보세요.

신선한 아이디어는 새로운 곳에서 떠오르죠. 처음 가는 장소, 다양한 장르에 음악, 나와 다른 분야의 사람.
익숙하지 않은 신선한 것들을 찾아서 탐험해 보세요.

04. 남들에게 보여 주세요.

독특한 아이디어라도 혼자 가지고 있다면 키워 내기 어렵죠.
최대한 많은 사람들과 함께 정보를 나누며 아이디어를 발전시키세요.

05. 잠시만 쉬세요.

생각을 계속 하다보면 한쪽으로 치우치기 쉬워요. 25분 생각했다면 5분은 쉬어 주세요.
휴식도 창의성을 키워 주는 중요한 요소랍니다.